작법서 & 웹툰 출판 브랜드
므큐
도서 소개
므큐는 작법서, 웹툰, 예술 관련 도서를 출간하는
아트 큐레이션 출판 브랜드로,
가치 있는 정보를 선별해 독자에게 소개합니다.
「ニューレトロの描き方」(日本: 玄光社刊)」
©Den_Q
©Genkosha Co., Ltd.

최애를 닮은

나만의 솜인형 만들기

히라쿠리 아즈사 지음

들어가며

가장 좋아하는 캐릭터나 인물을 닮은 인형이 옆에 있으면, 보는 것만으로 기분이 좋아집니다.
아직 최애 인형이 없다면 이번 기회에 함께 만들어 보면 어떨까요?

이 책에서는 세 가지 사이즈의 바디와 열다섯 가지 종류의 헤어스타일을 조합해
직접 만들 수 있는 다양한 베리에이션의 솜인형을 소개합니다.
각각의 바디 사이즈에 맞는 옷 만들기 방법도 담았습니다.
직접 만든 최애 인형에게 원하는 옷을 갈아입히는 즐거움을 느껴 보세요.

원단은 주로 '소프트보아'와 '나이렉스'를 사용했습니다.
시중에서 판매되는 '누이 인형'을 만들 때 사용하는 원단입니다.
예전에는 구하기 어려웠지만, 최근에는 인터넷 쇼핑몰을 통해 쉽게 구입할 수 있습니다.
초보자가 다루기 편한 원단이며, 솜인형의 느낌을 살릴 수 있기 때문에
한 번쯤은 소프트보아와 나이렉스를 사용해 인형을 만들어 보시기 바랍니다.

헤어스타일에 따라 순서가 복잡하거나 여러 장의 원단을 겹쳐서 바느질하는 부분이 있어
어렵게 느껴질 수도 있습니다. 하지만 걱정할 필요는 없습니다.
우선 인형 만드는 방법의 설명을 차근차근 읽어 보세요.
그러면서 완성까지의 흐름을 확인하고, 구조를 이해하며 하나씩 만들어 봅시다.

솜인형 만들기에 정답은 없습니다.
되도록 간단한 방법으로 만들고 싶다거나, 완벽한 형태로 만들고 싶다거나,
효율적으로 많이 만들고 싶다거나……
각자의 취향이나 목적에 따라 더 알맞은 방법도 있겠지요.
이 책의 솜인형은 장난감 같은 사랑스러운 형태입니다.
쉬운 바느질과 견고한 마감을 목표로 디자인했습니다.
이 책을 하나의 시안으로 삼아, 자유롭게 나만의 솜인형을 만들어 보시면 좋겠습니다.

솜과 애정을 꾹꾹 눌러 담은 사랑스러운 '최애 인형'이 많이 탄생하기를 바랍니다!

히라쿠리 아즈사

Contents

모두 소형 인형(p.32)
【사진 위】 헤어스타일 : [왼쪽] 투톤 보브 커트(p.25) [오른쪽] 엘프 귀 풀뱅 보브 커트(p.25)
【사진 왼쪽 아래】 헤어스타일 : [왼쪽] 빡빡머리(p.27) [오른쪽] 기본 헤어스타일(p.23)
【사진 오른쪽 아래】 헤어스타일 : 목덜미 헤어 있는 뾰족 머리(p.24)
옷 : 후드티(p. 71), 티셔츠(p.81), 타이츠(p.84), 샤워캡(p.82)

모두 중형 인형(p.32)
【사진 위】 헤어스타일 : [왼쪽] 풍성한 곱슬 머리(p.25) [오른쪽] 기본 헤어스타일(p.23)
【사진 아래】 헤어스타일 : [왼쪽] 하늘로 솟은 쇼트 커트(p.24) [오른쪽] 목덜미 헤어 없는 뾰족 머리(p.24)
옷 : 티셔츠(p.81), 타이츠(p.84), 동물 잠옷(p.86)

모두 중형 인형(p.32)

【사진 위】 헤어스타일 : [왼쪽] 목덜미 헤어 없는 뾰족 머리(p.24) [오른쪽] 목덜미 헤어 있는 뾰족 머리(p.24)

【사진 아래】 헤어스타일 : [왼쪽] 블리치 롱 헤어(p.26) [중앙] 투톤 보브 커트(p.25) [오른쪽] 하늘로 솟은 쇼트 커트(p.24)

옷 : 후드티(p.71), 티셔츠(p.81), 타이츠(p.84), 팬츠(p.83), 신발(p.84)

모두 중형 인형(p.32)
헤어스타일 : [왼쪽] 엘프 귀 풀뱅 보브 커트(p.25)
[가운데] 당고 머리(p.26) [오른쪽] 밖으로 뻗친 보브 커트(p.25)
옷 : 칼라티(p.82), 스커트(p.67), 앞치마·카추샤(p.74), 신발(p.84)

[왼쪽] 중형 인형 [오른쪽] 소형 인형(모두 p.32)
헤어스타일 : 모두 고양이 귀 트윈 테일(p.26)
옷 : 후드티(p.71), 타이츠(p.84)

모두 대형 인형(p.42)
헤어스타일 : [왼쪽] 목덜미 헤어 없는 뾰족 머리(p.24) [오른쪽] 풍성한 곱슬 머리(p.25)
옷 : 티셔츠(p.64), 팬츠(p.66), 후드티(p.71), 신발(p.80)

【사진 가운데】 왼쪽부터 순서대로,
중형 인형(p.32) 헤어스타일 : 포니 테일(p.26) / 대형 인형(p.42) 헤어스타일 : 기본 헤어스타일(p.23), 목덜미 헤어 있는 뾰족 머리(p.24) / 소형 인형(p.32) 헤어스타일 : 당고 머리(p.26) / 대형 인형(p.42) 헤어스타일 : 당고 머리(p.26)

옷 : 재킷(대형)(p.68), 재킷(중형 · 소형)(p.85), 페이크 칼라 셔츠(p.70), 팬츠(대형)(p.66), 팬츠(중형 · 소형)(p.83), 타이츠(p.84), 신발(대형)(p.80), 신발(중형 · 소형)(p.84), 파티 모자(p.62)

도구 이 책에서 사용하는 도구를 소개한다.

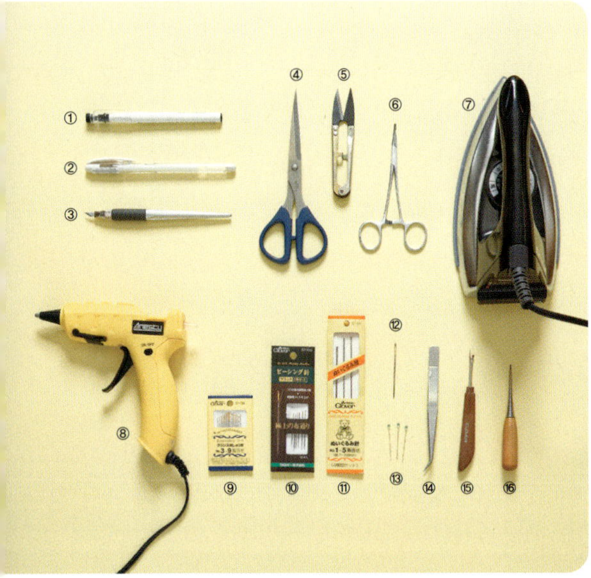

① 프릭션 파인라이너
도안을 원단에 옮겨 그릴 때 사용한다. 헤어드라이어의 열로 쉽게 지워져 인형을 깔끔하게 완성할 수 있다.

② 화이트 펜
블랙이나 네이비 등 짙은 색의 원단에 도안을 옮겨 그릴 때 사용한다.

③ 아트 나이프
복사한 도안이나 하드펠트 원단을 자를 때 사용한다.

④ 수예용 가위
인형 도안은 크기가 작기 때문에 세밀한 부분까지 자를 수 있는 가위를 추천한다.

⑤ 쪽가위
실을 자를 때 사용한다.

⑥ 수예용 겸자
바느질을 마친 인형을 겉으로 뒤집을 때 사용하면 편리하다.

⑦ 다리미
인형의 원단을 붙이거나 시접을 가름솔할 때 사용한다.

⑧ 글루건
인형 헤어를 붙일 때 사용한다.

⑨ 자수 바늘
인형 눈이나 입 등을 수놓을 때 사용한다.

⑩ 재봉 바늘
바느질을 할 때 사용한다. 패치워크 바늘처럼 가늘고 짧은 바늘을 추천한다.

⑪ 인형 바늘
눈에 단추를 달거나 뭉친 솜을 정리할 때 사용한다.

⑫ 돗바늘(뜨개질용)
팬츠 허리에 고무줄을 넣을 때 사용한다.

⑬ 시침핀
바느질하기 전 원단끼리 고정할 때 사용한다.

⑭ 핀셋
바느질할 때나 세밀한 부분을 다듬을 때 사용한다.

⑮ 리퍼(실뜯개)
바늘땀을 뜯을 때 사용한다.

⑯ 송곳
스냅 단추를 달 때 사용한다.

재료 이 책에서 사용하는 재료를 소개한다.

인형 바디·헤어 원단

※벨보아로 대체 가능

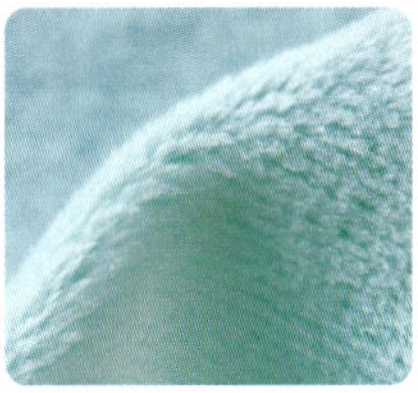

소프트보아
푹신푹신하고 짧은 털이 특징인 니트 원단이다.

나이렉스
표면이 고리 모양인 얇은 원단이다. 올이 풀리지 않아 끝처리를 할 필요가 없다. 인형을 만들 때는 겉면을 사용한다. 옷을 만들 때는 겉면·안면 어느 쪽을 사용해도 상관없다.

인형 옷 원단

더블 저지
신축성이 있는 니트 원단이다. 싱글 저지 원단도 상관없다. 시중에서 판매하는 티셔츠를 잘라 사용해도 좋다.

〈시판 티셔츠〉

펠트
이 책에서는 고양이 귀(p.57)에 사용한다.

하드펠트
이 책에서는 안경(p.51)에 사용한다.

합성피혁
이 책에서는 신발(p.80)에 사용한다.

수예솜
인형 바디에 채운다.

재봉실
재봉틀 실과 손바느질실이 있다.

펠릿
대형 인형의 발바닥에 넣는다.

열접착 시트
원단끼리 붙일 때 사용한다.

벨크로
인형용으로 나온 얇은 제품을 추천한다.

고무줄
팬츠 허리에 사용한다. 폭은 약 3.5mm다.

단추
이 책에서는 스냅 단추와 장식 단추 등을 사용한다.

재봉틀과 손바느질

이 책에서는 재봉틀로 바느질했지만 손바느질로도 인형을 만들 수 있다. 자신에게 맞는 방법으로 만들어 보자.

재봉틀

짧은 시간에 튼튼한 바늘땀을 만들 수 있다는 점이 가장 큰 특징이다. 다만 곡선 부분을 섬세하게 바느질하기까지는 어느 정도 연습이 필요하다.

손바느질

반박음질(p.36 참고)을 하면 손바느질로도 튼튼한 인형을 완성할 수 있다. 재봉틀과 비교하면 시간은 오래 걸리지만 한 단계씩 차분하게 만들면 된다. 초보자도 부담 없이 도전하자.

손바느질의 포인트

반박음질의 좋은 예다. 실을 잡아당길 때 힘을 잘 조절하는 것이 포인트다.

실을 너무 세게 잡아당기면 원단이 쭈글쭈글해진다. 바늘땀이 작아져 마무리에도 영향을 준다.

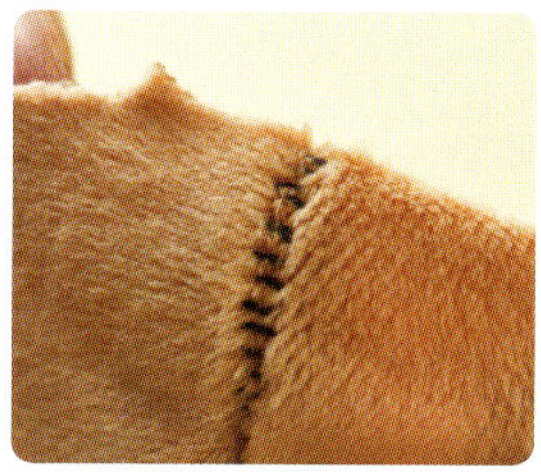

실을 너무 약하게 잡아당기면 솜을 채웠을 때 바느질한 실이 겉에서 보이게 된다. 힘 조절에 주의하자.

초보자를 위한 바느질 용어

바느질할 때 사용하는 용어를 소개한다.
초보자라면 잘 익혀 두자!

시접을 가르다

시접을 양쪽으로 펼쳐 가름솔하는 것을 말한다. 겉면이 깔끔해 보이도록 시접을 평평하게 가르는 것이 포인트다.

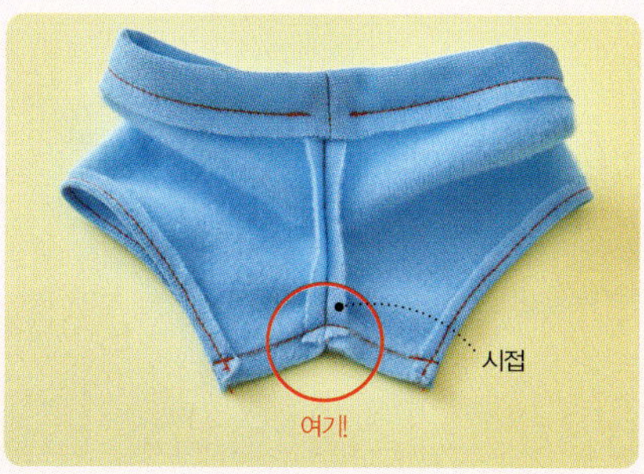

겉끼리 맞대다

두 장의 원단을 겉끼리 마주 보게 놓는 것을 말한다.

다트

평면인 원단으로 입체감 있게 만들기 위한 것이다. 이 책의 도안에서는 선을 따라 바느질만 하면 완성할 수 있다.

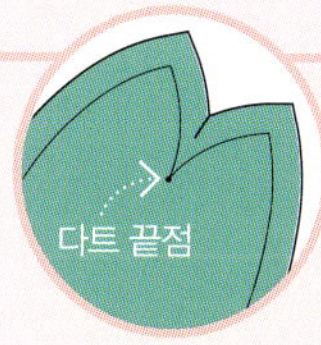

〈도안〉

맞춤점 표시

도안에 표시된 짧은 직선과 삼각형 부분을 말한다. 여러 부위를 서로 맞출 때 이 표시가 기준점이 된다.

맞춤점 기호

이 책은 편의를 위해 알파벳 기호로 도안에 맞춤점을 표시했다. 같은 기호끼리 맞추면 된다.

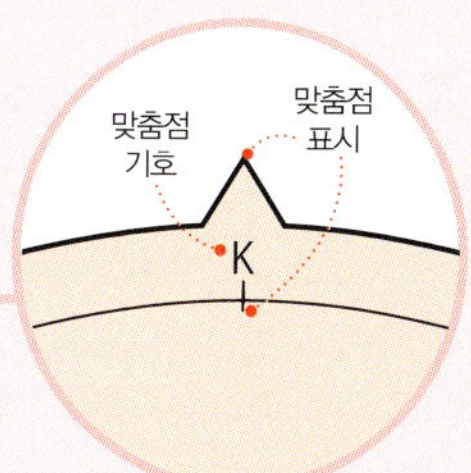

〈도안〉

솜인형 만들기 TIP

도안을 원단에 옮겨 그린 뒤 원단을 자른다. 맞춤점 기호를 확인하고 맞춤점 표시를 맞춰 가며 바느질한다. 이 기본만 알면 누구나 솜인형을 만들 수 있다. 바느질은 반복 작업이니 한 땀 한 땀 정성스럽게 만들다 보면 나만의 사랑스러운 솜인형이 완성될 것이다.

결 방향을 정확하게 확인하기

도안에는 오른쪽 그림과 같이 '결 방향'이 표시되어 있다. 도안을 원단에 옮겨 그릴 때 반드시 결 방향을 확인하자. 결 방향을 맞추면 형태를 무너뜨리지 않고 촉감이 부드러운 인형을 완성할 수 있다.

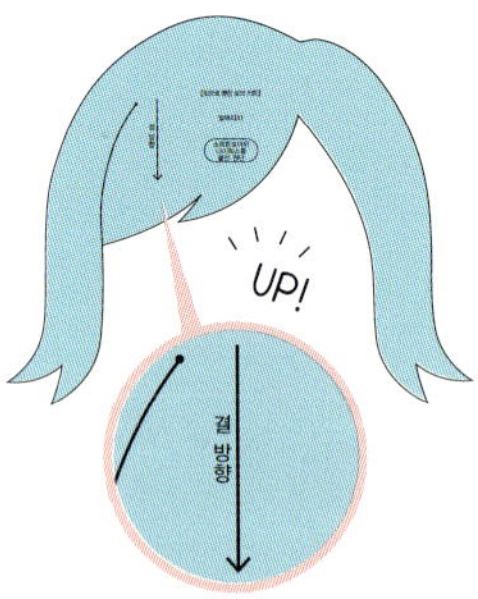

도안은 정확하게 옮겨 그리고 원단은 깔끔하게 자르기

기본적이고 단순하지만 완성도를 좌우하는 중요한 작업이다. 특히 완성선과 맞춤점 표시는 정확하게 옮겨 그려야 한다. 원단을 잘라낸 뒤에는 완성선과 맞춤점 표시가 작업을 진행할 때 기준점이 된다.

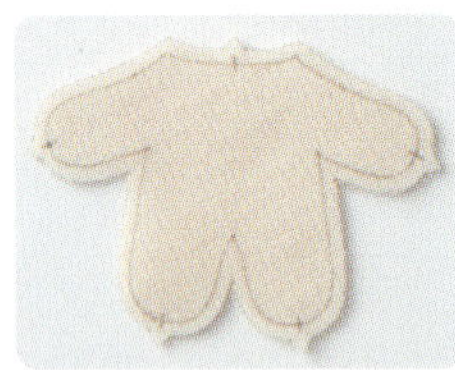

원단을 자를 때는 칼끝까지 잘 잘리는 가위를 사용하자. 날이 들지 않는 가위로 무리하게 자르면 인형 모양이 비뚤어진다.

만드는 과정에서 도안을 옆에 두고 항상 확인하기

다 옮겨 그린 도안은 버리지 말고 옆에 두고 작업한다. 도안에 있는 맞춤점 기호는 다른 부위끼리 연결할 때 기준이 되는 중요한 정보다.

지금 어느 부분을 바느질하고 있는지 이해하며 만들기

솜인형은 여러 부위를 입체적으로 연결하며 만든다. 이 같은 특성 때문에 익숙하지 않은 초보자는 헷갈리기 쉽다. 인형 만드는 과정의 사진을 보면 오른쪽 위에 작은 섬네일을 달아 두었다. 빨간 선이 지금 단계에 해당하는 부분을 나타낸다. 현재 어느 부분을 바느질하고 있는지 확인하며 진행하자.

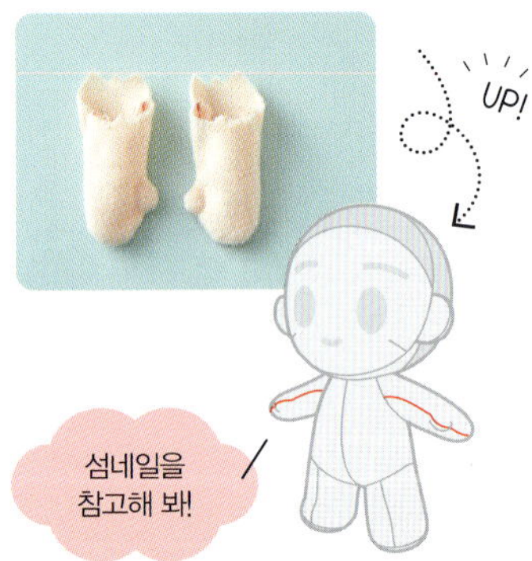

맞춤점 표시를 정확하게 맞추기

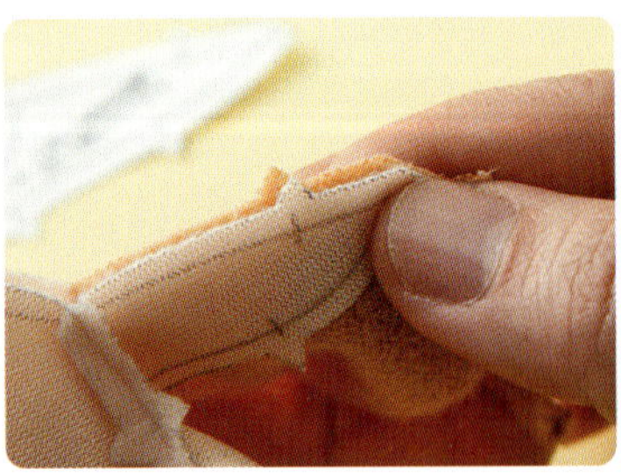

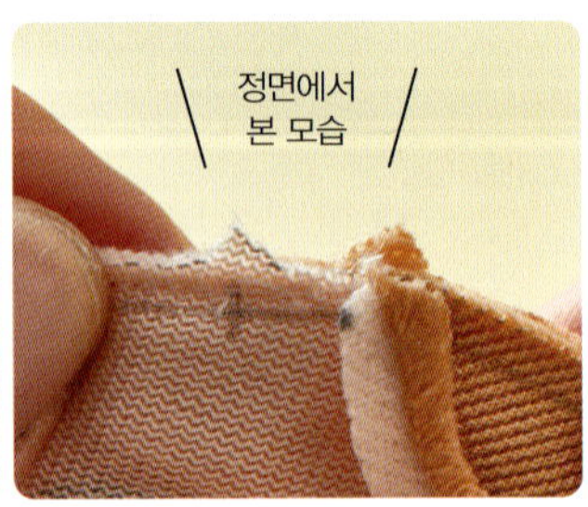

1 도안을 확인하면서 ①시접에 그려진 맞춤점 표시와 ②삼각형으로 튀어 나온 맞춤점 표시를 맞춘다. 원단 두 장을 시침핀으로 고정할 때 삼각형의 맞춤점 표시를 정확히 맞추면 원단이 서로 어긋나지 않는다.

2 위 사진은 시접을 가른 부분(p.11 참고)의 맞춤점 표시를 맞추고 있는 모습이다. 시접을 평평하게 갈라 바느질했기 때문에 맞춤점 표시가 깔끔하게 맞는다.

Lesson 1

인형 디자인하기

어떤 인형을 만들지
함께 생각해 보자♪

나만의
최애 인형을 만들자!
만화: 미니카
와~~~!
최애 인형이
또 나왔어!!
부럽다~
내 장르는 굿즈가
전혀 안 나오는데…….
맞아 맞아
다른 최애 캐릭터도
굿즈로 솜인형이
나오면 좋겠어.
커플룩 입혀서
나란히 두면
얼마나 귀여울까~
내 최애는
주인공도 아니라서
솜인형으로
안 나오겠지?
완전 공감!
내 최애 인형은
다 손으로 만들어서
최애랑 하나도
안 닮았어.
이상하다고!
여기 좀 봐 줘!
손 흔들어 줘!
완벽한 최애 인형을
만들 수 있다면
얼마나 좋을까?
하아
여러분에게
이 책을 적극적으로
추천드립니다.
최애를 담은 나만의 솜인형 만들기
누구세요?!
인형 장인,
누이라고 합니다.
지나가던 길에
이야기를 들었어요.

이 책은
여러분의 최애를
솜인형으로 만드는
방법을 소개합니다.
Lesson1에서는
최애를 인형으로 만들기 위한
디자인 방법부터
헤어스타일 표현까지
소개하고 있어요.
누이 씨가
인형으로?
Lesson2~4에서는
바느질 초보자도
쉽게 이해할 수 있도록
인형 만드는 과정을 순서대로
사진과 함께 설명합니다.
Lesson5에서는
인형에 맞는 옷도
만들 수 있답니다!
이런 것도
할 수 있구나!
오오―
와아―♡
최애를 향한
사랑을
솜인형으로 표현해
보세요♪
함께 해보자!
인형을 만들자!
Let's go
자세한 만들기 방법은 다음 페이지부터!

STEP 1

인형 사이즈 선택하기

이 책으로 만들 수 있는 세 가지 사이즈의 인형 만드는 방법을 소개한다.

중형(소프트보아)

인형을 처음 만들어 본다면 추천하는 사이즈!

머리가 크고 바디 형태가 단순해 바느질하기 쉽다!

푹신푹신한 소프트보아 원단(p.10 참고)으로 만드는 중간 사이즈의 인형이다. 기본 사이즈라 복잡한 부분도 바느질하기 쉽다. 몸이 원단 두 장을 서로 맞대고 바느질하는 형태기 때문에 초보자도 충분히 도전할 수 있다! 몸에 비해 머리가 조금 커서 데포르메한 캐릭터처럼 보인다.

Size

키 : 약 17cm
머리둘레 : 약 28cm
목부터 발끝까지의 길이 : 약 7.5cm
양팔을 벌렸을 때의 폭 : 약 10cm

만드는 방법 p.32

※이 책에 표시된 사이즈는 어디까지나 대략적인 기준이다.
원단의 신축성이나 바느질 방법, 솜을 채우는 양에 따라 오차가 발생할 수 있다.

소형(나이렉스)

바느질하기 쉬운 나이렉스 원단으로 손바닥 크기의 인형을 만들자!

바디에 사용하는 원단이 다른 사이즈 인형의 원단과 다르다. 나이렉스 원단(p.10 참고)은 소프트보아 원단보다 얇고 바느질하기 쉽다. 손바닥 크기의 인형이라 외출할 때도 편하게 데리고 다닐 수 있다. 밖에서 최애 인형의 사진을 찍고 싶은 사람이라면 꼭 만들어 보자. 다만 사이즈가 작은 만큼 세밀한 부분의 바느질은 조금 신경 써야 한다. 소형과 중형 인형은 만드는 방법이 거의 같기 때문에 먼저 중형 사이즈로 연습한 다음 소형 인형을 만드는 것도 좋다.

Size

키 : 약 11cm 머리둘레 : 약 17.5cm
목부터 발끝까지의 길이 : 약 5cm
양팔을 벌렸을 때의 폭 : 약 7cm

만드는 방법 p.32

Small

10cm

외출할 때 안성맞춤!

한 번쯤 만들어 보고 싶은 자립 인형!

Big

20cm

대형(소프트보아)

도안은 복잡하지만 완성도는 높다! 인형 뼈대를 추가하면 자립도 가능!

언뜻 보면 팔, 몸, 다리를 각각 연결해 튼튼한 바디로 만들기는 어렵다고 생각할 수 있다. 하지만 순서대로 차근차근 바느질하면 문제없다. 필요한 게 있다면 바로 끈기! 머리 크기는 중형 인형과 같다. 공들여 만든 옷을 입히기 좋은 사이즈다. 옷 갈아입히기를 좋아하는 사람에게 추천한다.

Size

키: 약 20cm 머리둘레 : 약 28cm
목부터 발끝까지의 길이 : 약 11cm
양팔을 벌렸을 때의 폭 : 약 14cm

만드는 방법 p.42

Preview

세 가지 사이즈 키 비교

인형 만들기 준비

STEP 2

인형 디자인 스케치하기

어떤 인형을 만들까? 먼저 나만의 솜인형을 디자인해 보자.

어떤 인형을 만들지 생각하기

첫걸음

먼저 책을 참고하자

'인형 디자인'이라는 글자를 보고 디자인을 어떻게 할지 막막해 하거나 그림에는 전혀 소질이 없어 걱정하는 사람도 있을 것이다. 하지만 전혀 걱정할 필요 없다! 이 책은 세 가지 사이즈의 바디(p.16~17 참고)를 소개한다. 바디는 책을 따라 만들기만 하면 된다.
캐릭터의 인상을 결정짓는 헤어스타일도 짧은 머리부터 긴 머리까지 무려 열다섯 가지 종류(p.23~27 참고)를 소개하고 있다. 분명 마음에 드는 헤어스타일을 발견할 수 있을 것이다. 다른 헤어스타일 부위와 자유롭게 조합도 가능하다. 도안의 헤어 길이나 끝부분의 형태를 변형해 나만의 헤어스타일을 만들어 보는 것도 좋다.

필수 포인트

디자인 템플릿을 활용하자

인형의 몸과 얼굴이 그려진 디자인 템플릿(p.28~29 참고)을 준비한다. 최애의 특징을 템플릿에 그려 넣으면 인형 러프 디자인이 완성된다. 다음 페이지의 예시처럼 채색을 하거나 최애의 특징을 적으면 인형을 만들 때 훨씬 도움이 된다.

Let's Design

정면 · 옆 · 뒤

평면을 입체로 만들 때는 다양한 각도의 자료를 활용하자

복잡한 헤어스타일은 정면에서 바라본 모습만으로 전체적인 형태를 파악하기 힘들다. 다양한 각도에서 살펴보고 구조를 분석할 필요가 있다. 정면뿐만 아니라 옆과 뒤에서 본 모습의 자료를 모아 보면 구조를 훨씬 쉽게 이해할 수 있다. 참고할 수 있는 영상이 있다면 일시정지를 한 상태에서 관찰해 보자. 비슷한 헤어스타일의 캐릭터 피규어를 직접 만지며 살펴보는 것도 좋은 방법이다. 인형 만들기에 가장 필요한 것은 최애를 향한 애정과 관찰력이다!

러프 스케치

원래 캐릭터

〈 인형 장인 누이 (p.14~15에서 등장) 〉

Point

데포르메가 중요

인형으로 만들고 싶은 최애의 특징을 파악하자!

☑ **헤어스타일의 특징**

- 어떤 형태인가?
- 어떤 부분이 특징적인가?

☑ **눈썹의 특징**

- 올라가 있는가?
- 내려가 있는가?
- 눈썹의 길이는?

☑ **입 모양은?**

➡ 더 자세한 설명은 다음 페이지부터!

SD 캐릭터 일러스트가 있다면 반드시 참고하자!

인형 러프 디자인

➡ p.28의 디자인 템플릿을 활용하자!

인형 만들기 준비

STEP 3

표정 정하기

최애를 가장 잘 나타내는 표정을 인형에 표현해 보자.

눈썹의 위치와 방향, 입 모양은 인형의 인상을 결정짓는 포인트

표정은 최애 인형을 완성도 있게 만드는 데 빼놓을 수 없는 요소다. 환하게 웃는 표정부터 평온한 미소, 조금 난처한 표정, 우는 표정, 화난 표정까지. 최애의 성격을 잘 나타내는 표정으로 정하면 최애와 훨씬 비슷하게 만들 수 있다.

〈인형 얼굴 Sample〉

인형 만들기 준비

STEP 4

눈 소재 선택하기

인형을 만드는 데 얼마나 시간을 쏟을지도 미리 생각하자.

\ 나중에 달아도 OK /

단추

난이도 ★

소재: 마음에 드는 단추

크기, 색깔, 모양이 다양하므로 자유롭게 선택한다.

준비

인형을 완성하고 나서 단추를 달아 준다. 따라서 눈의 위치는 인형에 솜을 채운 뒤 정해도 된다.

\ 다리미로 붙이면 끝 /

자수 와펜

난이도 ★★

소재: 시중에 판매되는 자수 와펜

준비

자수 와펜은 미리 구입해 둔다. 도안을 옮겨 그린 원단에 다리미로 자수 와펜을 붙인 뒤 바느질한다.

\ 하나뿐인 눈 /

열 전사지

난이도 ★★★

소재: 다리미로 붙일 수 있는 열 전사지

준비

컴퓨터로 미리 눈과 입을 만들어 열 전사지에 인쇄한다. 그 다음 도안을 옮겨 그린 원단에 올린 뒤 다리미로 열을 가해 붙인다.

\ 도전! /

자수

난이도 ★★★★★

소재: 자수실

준비

도안을 옮겨 그린 원단에 한 땀씩 수를 놓는다. 나만의 개성 있는 인형을 만들고 싶은 사람에게 추천한다.

➡ 자세한 내용은 p.34~35를 참고하자!

STEP 5

헤어스타일 분석하기

최애 인형을 만들 때 가장 중요한 포인트인 헤어스타일!
최애와 비슷한 헤어스타일을 찾아보자.

복잡한 헤어스타일은 부위 별로 나누어 생각하자

복잡해 보이는 헤어스타일도 오른쪽 그림과 같이 부위 별로 조합하면 최애와 비슷해 보이도록 데포르메 할 수 있다. 최애의 이미지와 가까운 헤어스타일을 인형 헤어스타일 카탈로그(p.23~27 참고)에서 선택한 뒤, 헤어 길이나 형태를 변형해 최애와 비슷하게 표현하자.
초보자라면 우선 도안에 있는 헤어스타일을 그대로 만들어 보기를 추천한다. 순서대로 차근차근 따라가면 되니 어렵지 않다. 특히 기본 헤어스타일은 간단해서 정말 만들기 쉽다.

원래 캐릭터

누이 인형 완성!

복잡한 헤어스타일도

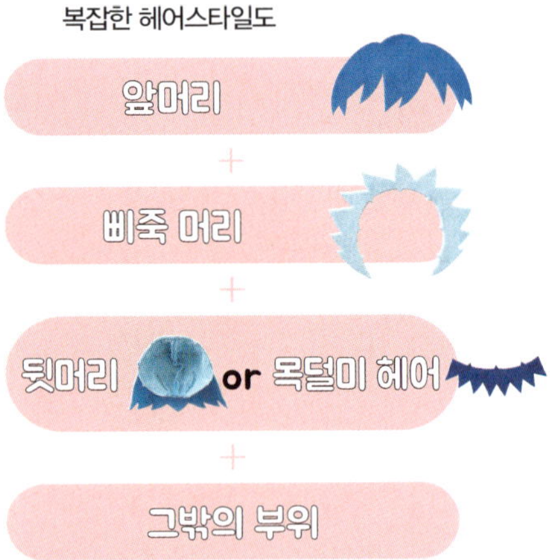

부위 별로 조합해 표현할 수 있다!

인형 헤어스타일 카탈로그

Hairstyle Catalog

최애 이미지와 가장 비슷한 헤어스타일을 선택!

짧은 머리부터 긴 머리, 스킨헤드까지!
마음에 드는 헤어스타일을 선택해 보자.

※ 카탈로그의 사진은 중형 인형이며, 스트레이트 쇼트커트만 대형 인형이다.
※ 대형과 중형 인형은 머리 크기가 같으므로 헤어스타일 도안은 공통이다.
※ 소형 인형도 같은 헤어스타일을 만들 수 있지만 도안을 축소해서 사용해야 한다. 자세한 내용은 해당 헤어스타일의 도안 페이지(p.96~112)를 확인하자.

기본편

헤어스타일의 바탕이 되는 부위는 '이마'와 '뒤통수'다. 그 위에 '앞머리'를 붙이면 Lesson 2, 3에서 소개하는 기본 헤어스타일 인형을 만들 수 있다.

〈기본 헤어스타일을 구성하는 부위〉

응용편

빼죽 머리 / 목덜미 헤어 / 목덜미 헤어 뒤통수

뒷머리 / 솜 추가 / 투톤 헤어

그밖의 여러 가지

고양이 귀 / 엘프 귀

빡빡머리 / 스킨헤드

※ '빡빡머리'는 전용 이마 부위를, '스킨헤드'는 전용 얼굴 부위를 사용한다.
※ 목덜미 헤어를 연결할 때는 '목덜미 헤어 뒤통수' 부위가 필요하다. 이 외에는 '뒤통수(기본)' 도안을 사용한다.

기본 헤어스타일

앞머리

가장 깔끔하고 단순한 짧은 머리

Back

만드는 방법: Lesson2, Lesson3

난이도 ★

스트레이트 쇼트 커트

앞머리 · 삐죽 머리 · 목덜미 헤어 · 목덜미 뒤통수

Back

만드는 방법:
삐죽 머리(p.50)
목덜미 헤어(p.52~54)

난이도 ★★★★★

하늘로 솟은 쇼트 커트

앞머리 · 삐죽 머리 · 목덜미 헤어 · 목덜미 뒤통수

Back

Side

만드는 방법:
삐죽 머리(p.50)
목덜미 헤어(p.52~54)

난이도 ★★★★★

목덜미 헤어 없는 뾰족 머리

앞머리 · 삐죽 머리

Back

만드는 방법:
삐죽 머리(p.50)

난이도 ★★★

목덜미 헤어 있는 뾰족 머리

앞머리 · 삐죽 머리 · 목덜미 헤어 · 목덜미 뒤통수

Back

만드는 방법:
삐죽 머리(p.50)
목덜미 헤어(p.52~54)

난이도 ★★★★★

밖으로 뻗친 보브 커트

앞머리 뒷머리

Back

Side

만드는 방법:
뒷머리 · 안경
(p.51)

난이도 ★★

풍성한 곱슬 머리

앞머리 삐죽 머리 목덜미 헤어 목덜미 뒤통수

Back

만드는 방법:
삐죽 머리(p.50)
목덜미 헤어(p.52~54)

난이도 ★★★★★

투톤 보브 커트

앞머리 뒷머리 투톤 헤어

Back

Side

만드는 방법:
뒷머리(p.51)
투톤 헤어(p.55~56)

난이도 ★★★

엘프 귀 풀뱅 보브 커트

앞머리 뒷머리 엘프 귀

Back

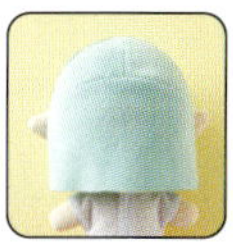

Side

만드는 방법:
엘프 귀(p.50)
뒷머리(p.51)

난이도 ★★

블리치 롱 헤어

앞머리 뒷머리

투톤 앞머리와 화려한 긴 머리

Back

Side

만드는 방법: 뒷머리 (p.51)

난이도 ★★

포니 테일

앞머리 솜 추가

귀엽고 쿨한 느낌을 동시에!

Back

Side

만드는 방법: 솜 추가 · 테일(p.56)

난이도 ★★

고양이 귀 트윈 테일

앞머리 솜 추가 투톤 헤어 고양이 귀

복슬복슬한 고양이 귀와 매력적인 트윈 테일!

Back

Side

만드는 방법: 투톤 헤어(p.55~56)
솜 추가 · 테일(p.56)
고양이 귀(p.57~58)

난이도 ★★★★

당고 머리

앞머리 솜 추가

귀여움 넘치는 동글동글 당고 머리♡

Back

Side

만드는 방법: 솜 추가 · 당고(p.59~60)

난이도 ★★

빡빡머리

Back

만드는 방법:
빡빡머리(p.61)

난이도 ★

스킨헤드

Back

만드는 방법:
스킨헤드(p.60)

난이도 ★

Column

어레인지 TIP

최애의 이미지와 비슷한 헤어스타일을 만들어 보자♪

자유로운 어레인지!

'삐죽 머리'와 '목덜미 헤어'는 인형을 마무리할 때 순서가 많이 다르기 때문에 주의가 필요하다. 하지만 기본적으로 이 책에서 소개하는 헤어스타일은 모두 자유롭게 조합할 수 있다. 특히 앞머리는 정해진 스타일이 없다. 예를 들어 포니 테일에 당고 머리의 앞머리를 붙이는 것도 가능하다.

솜 추가 부위는 응용 가능!

솜을 채워서 완성하는 '포니 테일', '트윈 테일', '당고 머리'는 별도로 만든 부위를 인형 뒤통수에 달기만 하면 된다. 도안을 변형하면 솜 추가 부위를 다양하게 만들 수 있다.

가발을 씌울 수 있는 스킨헤드

스킨헤드는 모자나 카추샤 등을 씌우고 싶을 때 추천한다. 시중에서 판매하는 인형용 가발을 씌우면 헤어스타일을 바꾸는 재미도 즐길 수 있다.

복사해서 사용하는

인형 디자인 템플릿

인형을 만들기 전에 스케치하는 러프 디자인 초안으로 사용하자.

※ 확대 복사(180%)하면 실물 크기와 비슷해진다.
이 책에 표시된 사이즈는 어디까지나 대략적인 기준이다.
원단의 신축성이나 바느질 방법, 솜을 채우는 양에 따라 오차가 발생할 수 있다.

인형은 얼굴이 생명

인형 얼굴 디자인 템플릿

만들고 싶은 인형의 크기와 디자인을 선택했다면 표정을 정한다.
디자인 템플릿을 참고해 나만의 인형 얼굴을 디자인해 보자.

대형 인형

중형 인형

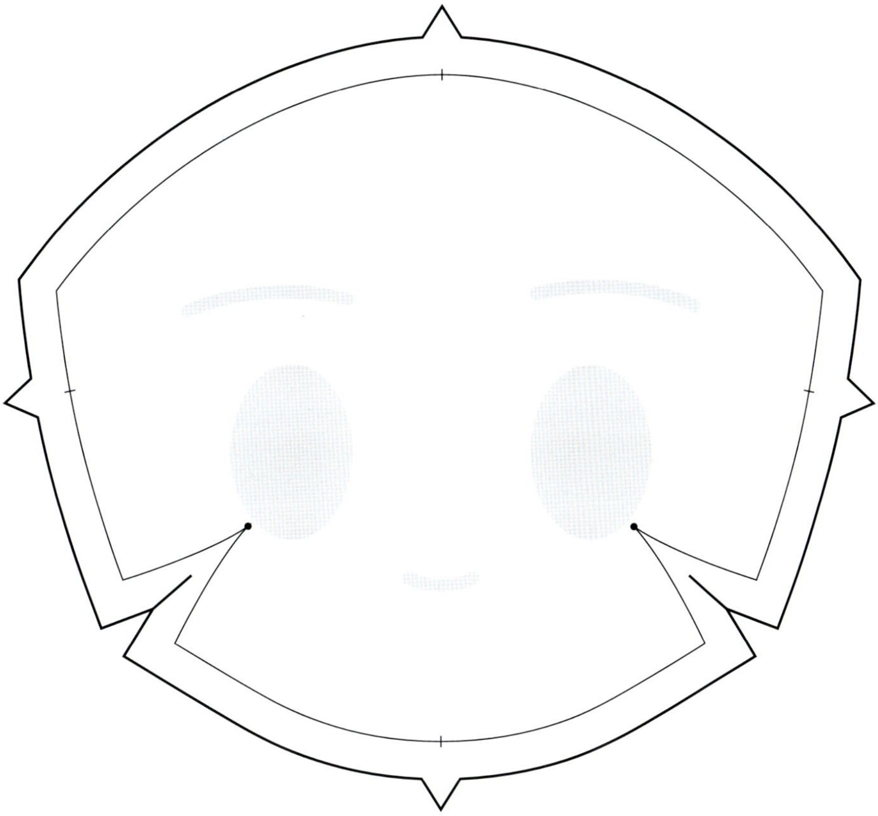

소형 인형

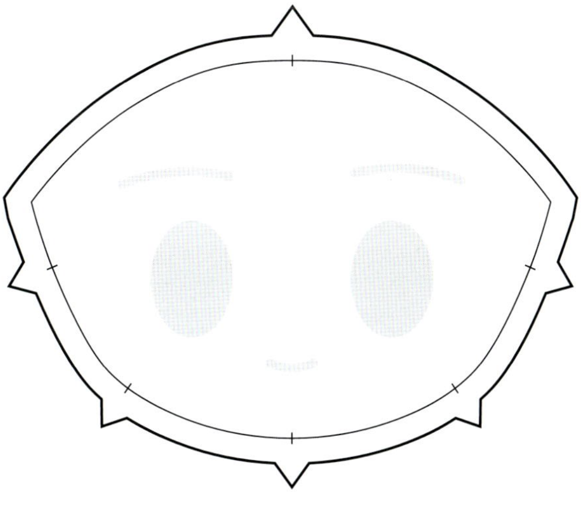

※ 원본 크기대로 복사한다.

Column

인형 뼈대를 넣으면 다양한 자세도 연출 가능!

이 책에서 소개하는 인형에 '인형 뼈대'를 추가하면
액션 피규어처럼 다양한 자세를 표현할 수 있다.

야호!

인형 뼈대

〈대형 인형〉

〈중형 인형〉

움직일 수 있어!

인형 뼈대 넣는 방법

1

인형 바느질을 마친 뒤 창구멍으로 뼈대를 넣는다.

2

뼈대 주변에 살을 채우는 느낌으로 솜을 골고루 채우면 완성!

Lesson 2

소형 인형&중형 인형 만드는 방법

소형과 중형 인형은
만드는 순서가
똑같아!

준비물

기본 헤어스타일의 소형 인형

도안 : p.94~95 참고
(기본 헤어스타일은 p.96 참고)

- **바디 원단(나이렉스)** : 세로15×가로30cm
- **헤어 원단(소프트보아)** : 세로15×가로25cm※
- **헤어 원단(나이렉스)** : 세로8×가로11cm※

기본 헤어스타일의 중형 인형

도안 : p.90~93 참고
(기본 헤어스타일은 p.96 참고)

- **바디 원단(소프트보아)** : 세로20×가로45cm
- **헤어 원단(소프트보아)** : 세로20×가로40cm※
- **헤어 원단(나이렉스)** : 세로10×가로18cm※

공통

- **눈 소재**(p.34~35 참고)
- **자수실**(눈썹, 입)
- **수예솜** 약 7g(소형), 약 30g(중형)
- **재봉실**

※ 기본 헤어스타일 기준. 헤어스타일에 따라 필요한 원단의 크기가 다르다. 도안을 보고 미리 확인하자.
※ 소형과 중형 인형의 도안 크기는 다르지만 만드는 순서는 같다.

바느질하기 전 앞머리 원단 붙이기

앞머리 원단은 바느질을 시작하기 전에 붙여야 하므로 미리 준비해 두자!

1 앞머리 원단을 안끼리 맞대고, 원단 사이에 접착 시트를 끼운다

아래부터 나이렉스, 접착 시트, 소프트보아, 유산지 순이다.

Point

헤어 부위의 조합

기본 헤어스타일에서는 앞머리만 붙이면 된다. 다른 헤어스타일은 도안의 주의사항을 잘 읽고 진행하자. 이 책에서 소개하는 원단 붙이기는 모두 이 순서를 따른다.

2 다리미를 사용해 단단히 붙인다

체중을 실어 한 군데씩 꾹꾹 눌러 붙인다. 스팀다리미를 사용하면 울퉁불퉁한 부분의 자국이 원단에 남으므로 평평한 부분으로 누르자.

NG

접착이 약하면 끝부분부터 쉽게 떨어진다

〈소형 인형〉

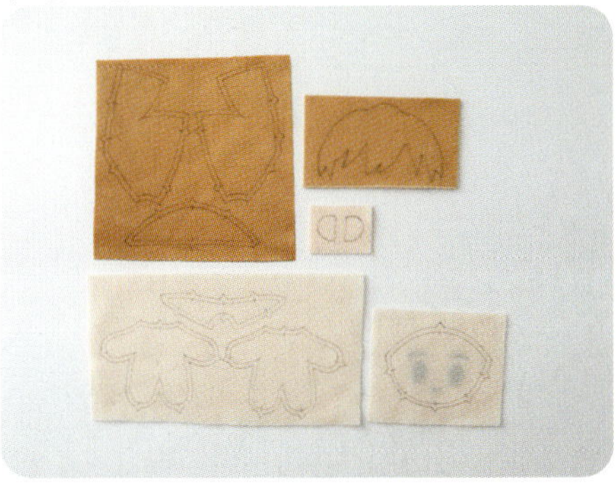

〈중형 인형〉

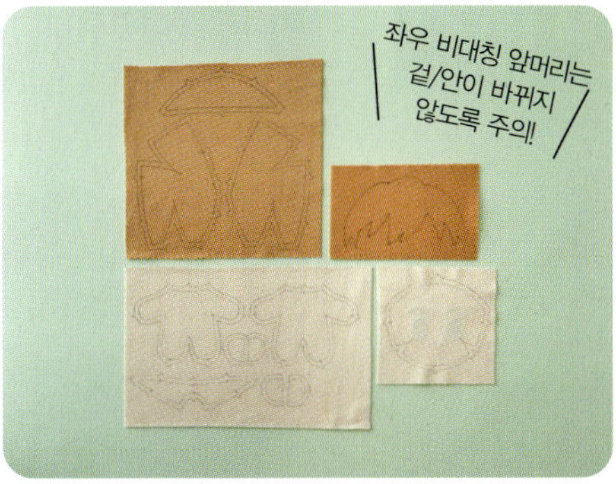

3 도안을 원단에 옮겨 그린다

수를 놓아 눈을 만들 때는 도안을 옮겨 그린 원단을 그대로 자수틀에 끼운다(p.35 참고). 원단을 잘라 버리면 수를 놓기 어려우므로 주의하자. 이외에는 도안을 옮겨 그린 뒤 주변을 대충 잘라내도 상관없다.

도안 옮겨 그리기

단순하지만 완성도를 좌우하는 중요한 작업이다. 펜은 원단에 선명하게 그릴 수 있는 색을 선택한다.

① 복사한 도안을 재단선에 맞춰 자른 뒤 원단 안쪽 면에 올린다. 도안을 손으로 고정한 상태에서 펜으로 도안을 따라 그린다. 도안이 자꾸 움직인다면 양면테이프를 사용해 고정하자.

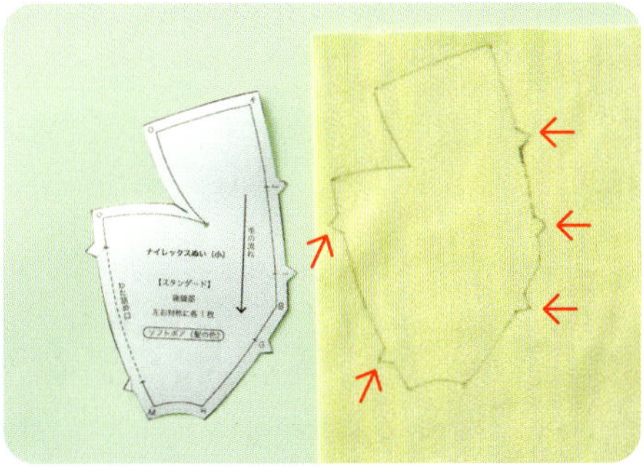

② ①을 다 옮겨 그린 모습. 삼각형의 맞춤점 표시도 깔끔하게 옮겨 그린다.

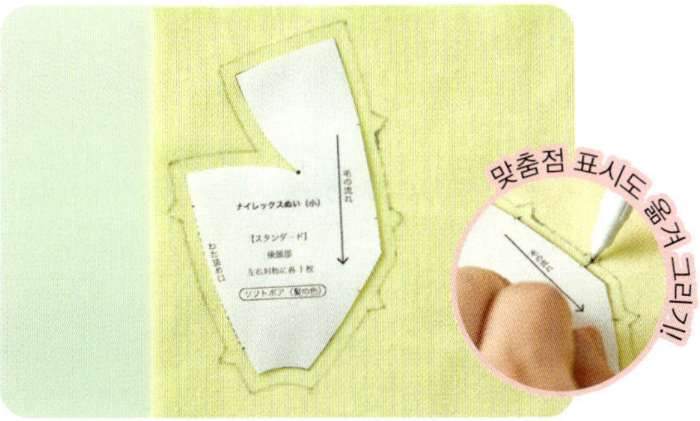

③ 도안을 완성선에 맞춰 자른 뒤, ②에서 옮겨 그린 선 안쪽에 놓고 펜으로 따라 그린다. 이때 시접 폭이 균일하도록 위치를 잘 조정하자. 완성선은 바느질하는 선이다.

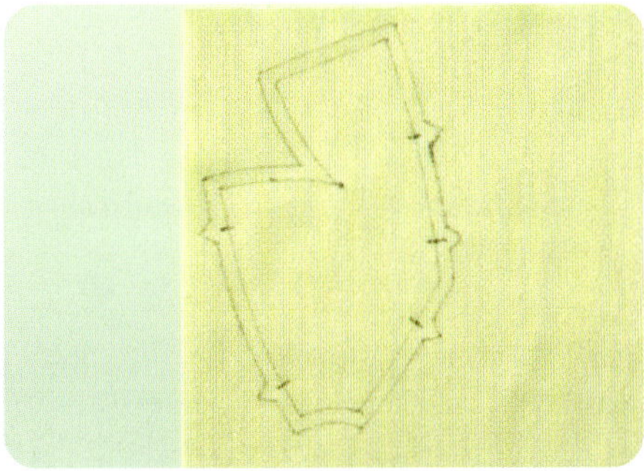

④ 도안의 재단선과 완성선까지 모두 옮겨 그린 모습.

눈 만들기

만들고 싶은 인형의 이미지에 어울리는 눈 소재를 선택한다. 이 단계에 시간을 얼마나 쏟을지 미리 생각하고 진행하자.

단추

나중에 달아도 된다!

단추는 인형을 완성하고 나서 달아도 된다. 실패해도 다시 달면 되기 때문에 초보자에게 추천한다. 취향은 각자 다르겠지만, 조금 큼직한 단추를 달면 얼굴에 안정감을 주면서 사랑스러운 표정을 연출할 수 있다.

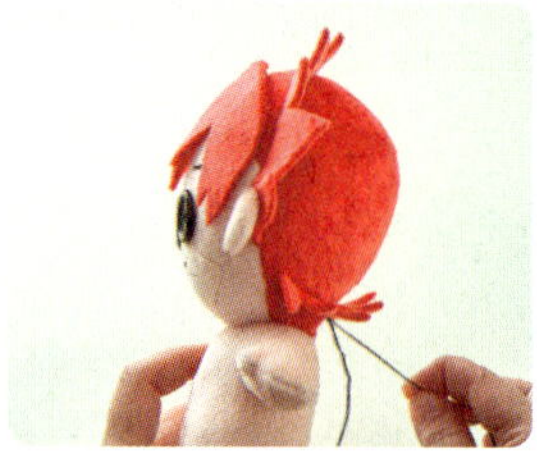

① 인형을 완성한 다음, 실을 끼운 바늘을 목 뒤쪽에서 눈을 향해 넣고 단추를 단다.

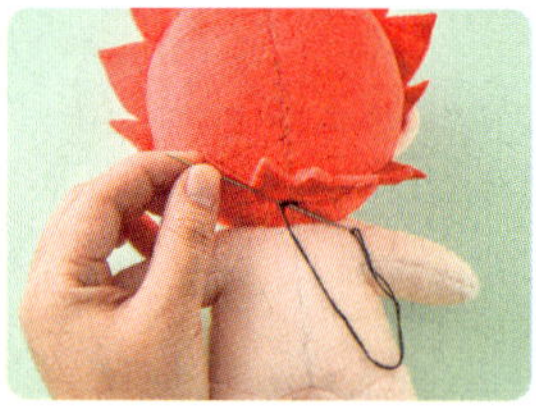

② 바느질을 마치면 목 뒤쪽에서 매듭을 지어 마무리한다.

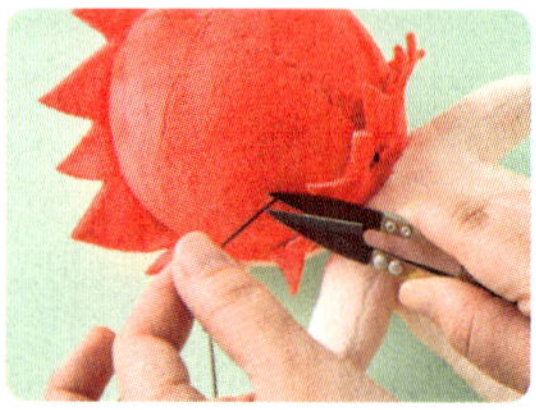

③ 매듭을 지은 바늘 끝을 뒤통수로 통과시킨 뒤 실을 잘라 숨긴다.

자수 와펜

다리미로 붙이면 끝이다!

도안을 원단에 옮겨 그리고 다리미로 와펜을 붙인 뒤 잘라낸다. 완성하고 나서는 인형 안에 채운 수예솜 때문에 깔끔하게 붙이기 어렵다.

열 전사지

하나뿐인 눈을 만들자!

가정용 잉크젯 프린터로 직접 인쇄할 수 있는 원단이다. 뒷면에 접착풀이 있어 다리미로 붙일 수 있는 것을 고르자. 프린터를 사용하면 자수로는 표현하기 어려운 그러데이션이나 세밀한 부분도 깔끔하게 표현할 수 있다.

자수

원단을 자르기 전에 자수틀에 끼우자!

왼쪽의 사진처럼 원단 전체를 자수틀에 끼우면 수를 놓기 쉽다. 원단을 잘라 버리면 자수틀에 끼우기 힘들어 수를 놓기 어려우므로 주의하자.

시간과 노력을 들일 수 있다면 꼭 도전해 보자!

자수는 어려워 보일 수 있지만, 꾸준히 연습하면 성취감을 느낄 수 있을뿐 아니라 완성도도 높일 수 있다. 한 땀 한 땀 정성스럽게 놓는 것이 포인트다. 다만 다른 방법에 비해 시간이 많이 걸린다. 한 번에 완성하려고 하지 말고 오랜 시간이 걸려도 끈기를 갖고 도전해 보자.

인형 얼굴을 만들 때 추천하는 스티치 방법

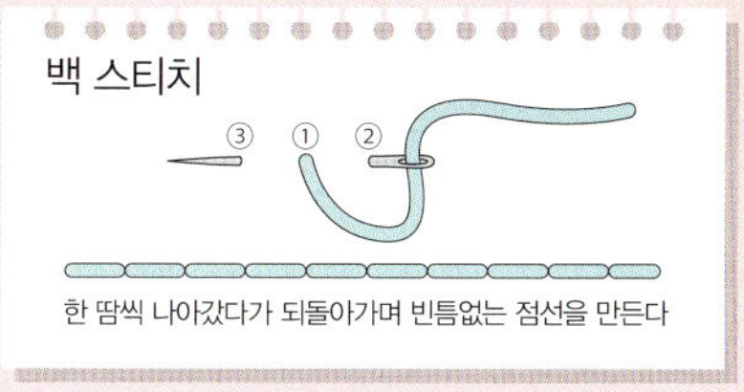

눈썹이나 입 등 단순한 선을 그을 때 가장 적합하다.

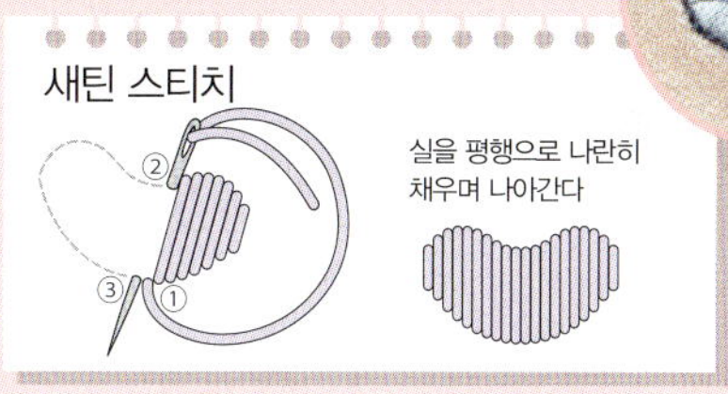

눈의 중간 등 면을 채울 때 가장 적합하다.

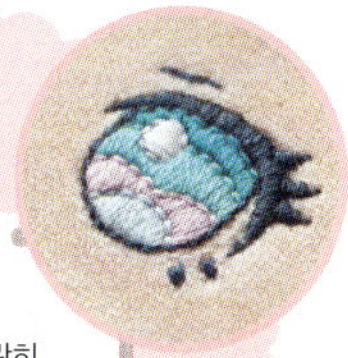

자수 도안

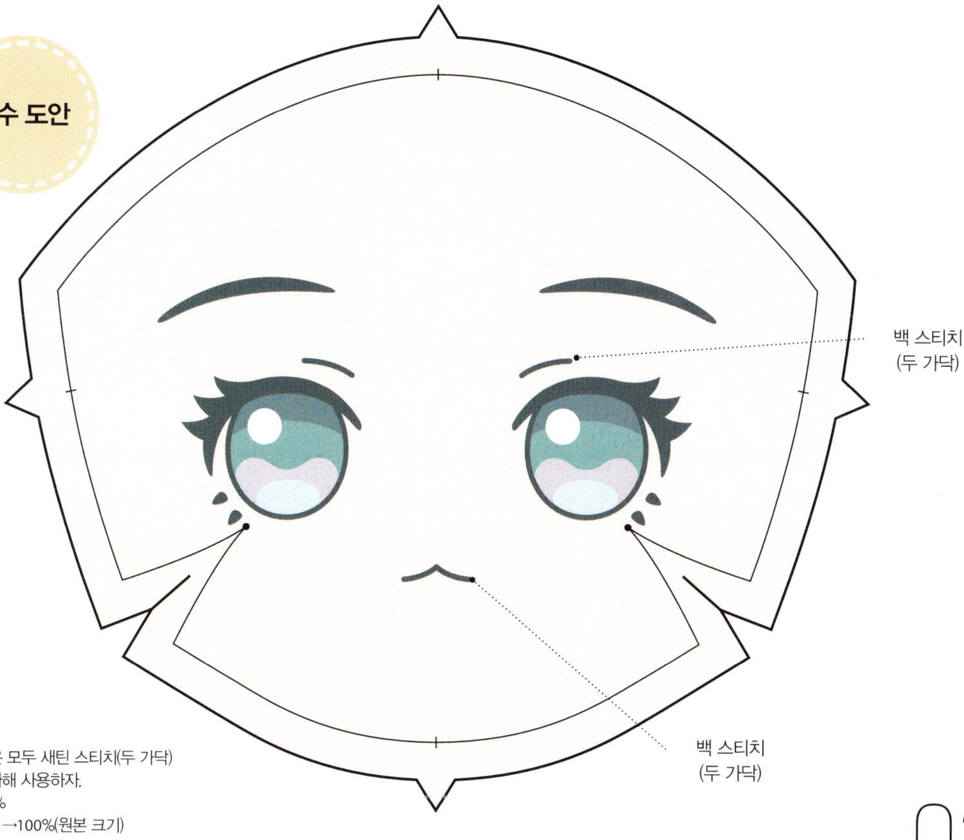

※표기가 없는 곳은 모두 새틴 스티치(두 가닥)
※아래 배율로 복사해 사용하자.
소형 인형 →65%
중형 · 대형 인형 →100%(원본 크기)

4 모든 부위의 원단을 자른다

나이렉스는 잘라도 올이 잘 풀리지 않는 원단이라 끝처리가 수월하다.

※ 귀는 나이렉스 두 장을 p.32 1, 2의 순서대로 붙인다.

〈소형 인형〉

〈중형 인형(소프트보아)〉

앞머리
(소프트보아와
나이렉스를
붙인 원단)

도안을 자른 뒤 원단 끝이 지저분하면 가위를 사용해 깔끔하게 다듬는다.

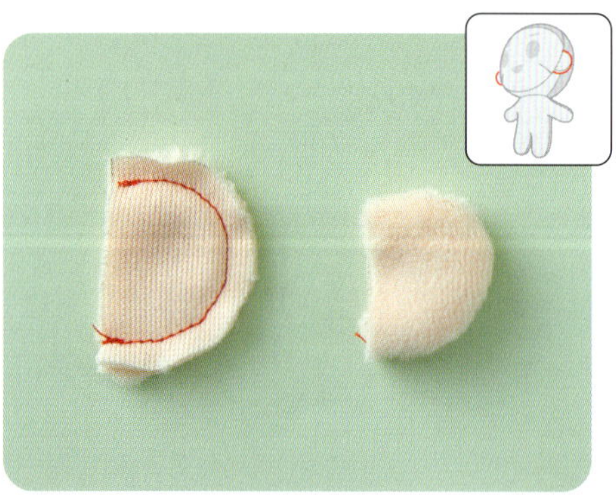

5 귀를 바느질한다

원단을 겉끼리 맞대고 끝까지 바느질한 뒤 원단을 겉으로 뒤집어 모양을 동그랗게 다듬는다. 이때 핀셋이나 겸자를 사용하면 편리하다.

※ 소형 인형은 이 작업이 필요 없다.

반박음질

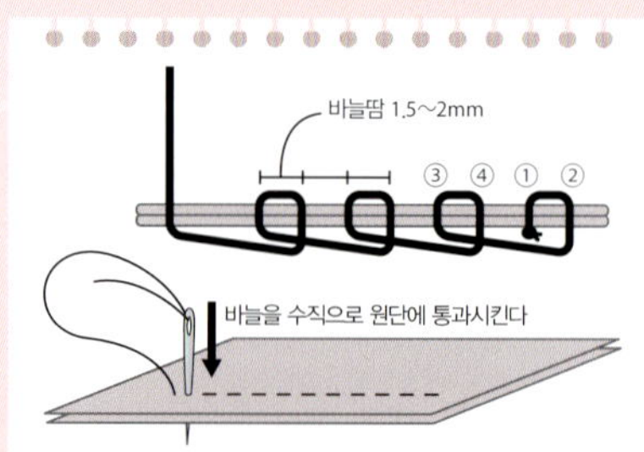

1.5~2mm 간격으로 반박음질한다. 한 땀 한 땀 수직으로 통과시키면 털이 있는 소프트보아 원단도 바느질하기 쉽다. 손바느질은 이 방법으로 바느질한다.

6 볼의 다트 두 군데를 바느질한다

※소형 인형은 이 작업이 필요 없다.

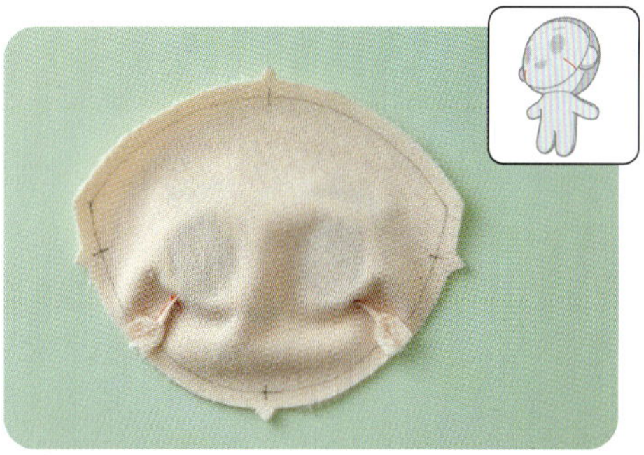

7 바느질한 다트에 가위집을 내고 시접을 가른다

고양이 귀 이 단계를 마치면 p.57의 작업을 추가하자!

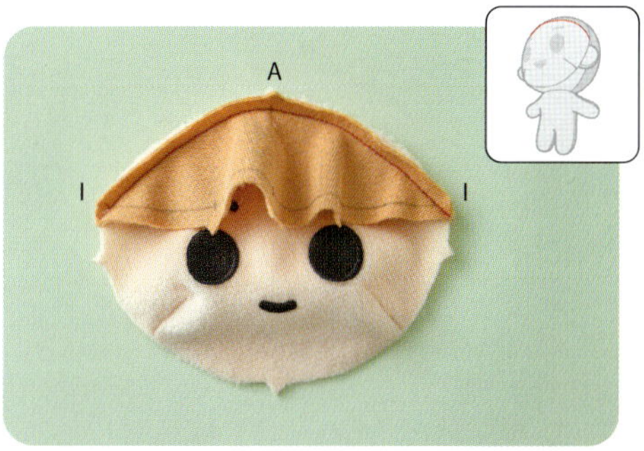

8 얼굴과 이마를 겉끼리 맞대고 바느질한다

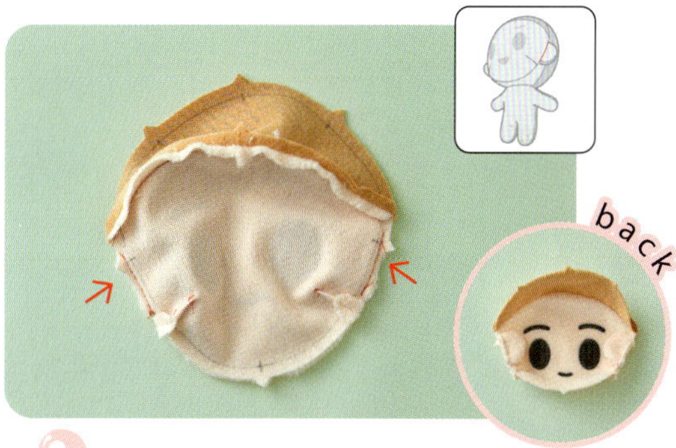

9 얼굴의 시접 부분에 귀를 단다

도안을 보고 귀 위치를 확인하며 바느질한다. 완성선보다 2~3mm 바깥쪽으로 달자.

목덜미 헤어 이 단계를 마치면 p.52의 작업으로!

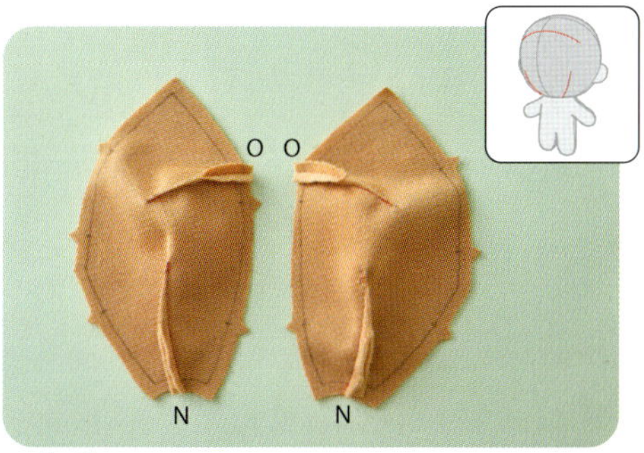

10 뒤통수의 다트를 바느질한다

다트를 바느질한 뒤에는 7과 마찬가지로 가위집을 내고 시접을 가른다.

※소형 인형은 다트 두 군데(O)
중형 인형은 다트 네 군데(O, N)

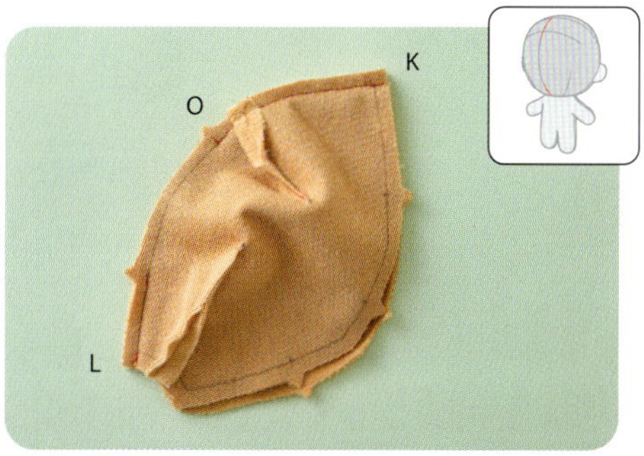

11 10을 겉끼리 맞대고 바느질한다

창구멍은 막지 않고 열어 둔다. 바느질한 뒤에는 시접을 가른다.

삐죽 머리 이 단계를 마치면 p.50의 작업으로!

뒷머리 이 단계를 마치면 p.51의 작업으로!

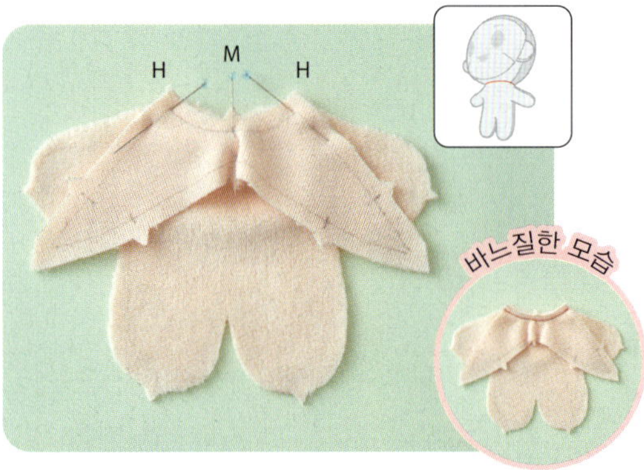

12 첫 번째 몸과 턱을 겉끼리 맞대고 시침핀으로 고정해 바느질한다

도안에 있는 맞춤점 표시와 기호를 정확히 확인하자. 바느질한 뒤에는 14에서 작업할 때까지 그대로 둔다.

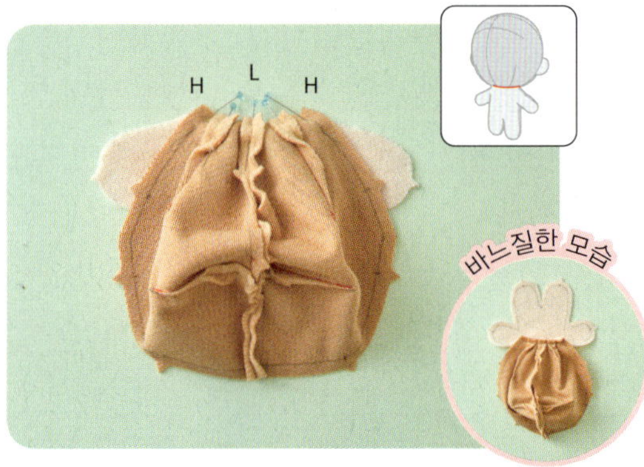

13 두 번째 몸과 11의 뒤통수를 시침핀으로 고정해 바느질한다

원단을 겉끼리 맞대고 바느질하면 오른쪽 사진과 같이 몸이 연결된다.

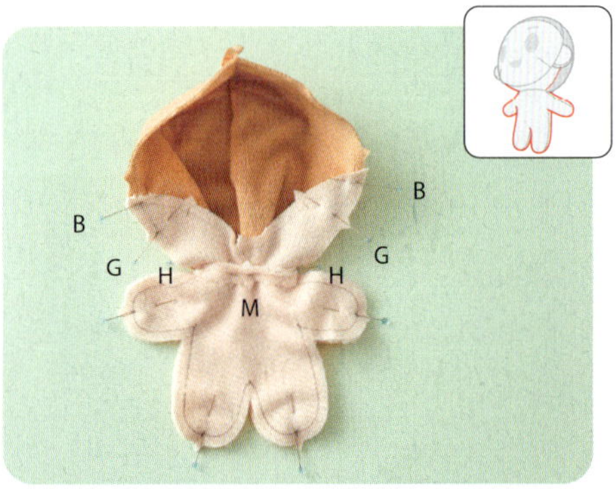

14 12와 13을 겉끼리 맞대고 시침핀으로 고정한다

12와 13을 겉끼리 마주 보게 놓는다. 도안의 맞춤점 표시와 기호를 정확히 확인하자.

15 둥글게 바느질한 뒤 가랑이와 겨드랑이에 가위집을 낸다

바느질한 뒤에는 가랑이와 겨드랑이에 가위집을 낸다. 솔기에서 약 1mm 떨어진 곳까지가 기준이다.

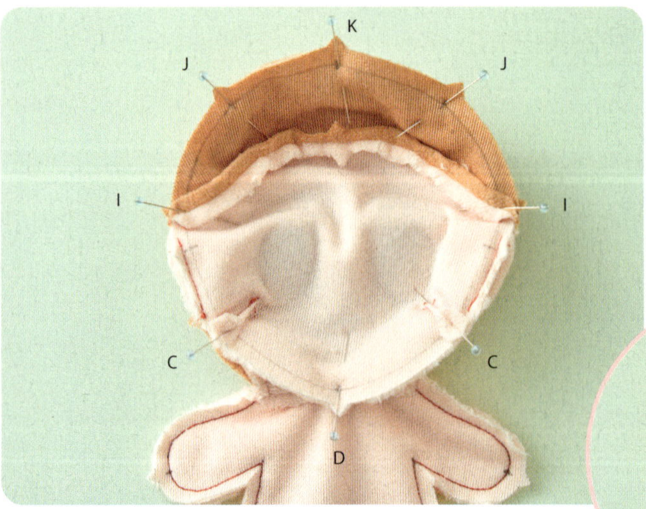

16 15 위에 9의 얼굴을 겉끼리 맞대고 시침핀으로 고정한다

귀는 안쪽으로 넣은 뒤 완성선을 따라 바느질한다. 얼굴의 인상이 결정되는 중요한 부분이다. 맞춤점 표시와 기호를 정확히 확인하자.

17 16까지 바느질한 모습

귀 주변은 여러 부위가 겹쳐 있어 바느질이 쉽지 않다. 완성선에서 크게 벗어나 바느질된 부분은 없는지 확인하면서 진행하자.

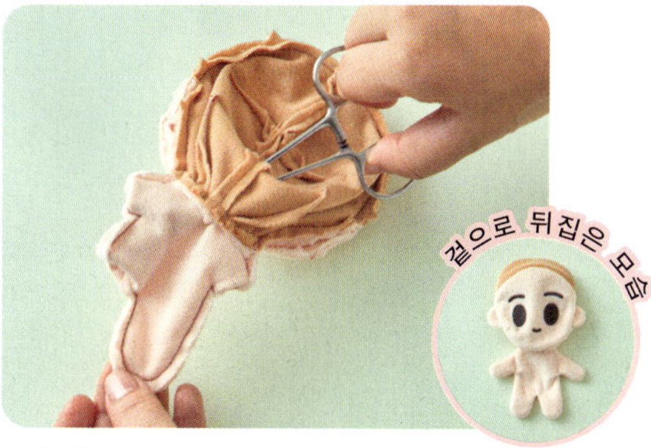

18 창구멍에 겸자를 넣어 겉으로 뒤집는다

발끝이나 손끝처럼 세밀한 부분까지 확실히 뒤집는다. 이때 핀셋이나 겸자를 사용하면 편리하다.

19 인형에 채울 솜을 손으로 조금씩 풀어 둔다

압축된 수예솜은 뭉쳐져 있을 수도 있다. 솜을 채우기 전에 손으로 부드럽게 풀어 풍성하게 만들어 둔다.

20 솜을 채운다

발, 손, 몸, 머리 순으로 창구멍에서 먼 곳부터 채운다.

Column

솜 채우기 포인트

인형의 완성도는 솜으로 결정된다!

오른쪽 인형은 솜이 한쪽으로 쏠려 얼굴이 왼쪽으로 기울어 있다. 형태를 다듬는 방법을 참고해 완벽한 형태로 인형을 완성하자.

예쁜 형태로 다듬는 방법

- 조금 많다 싶을 정도로 솜을 채워야 얼굴과 몸이 빵빵해진다.
- 손바느질은 솜의 압력 때문에 솔기가 터질 수 있으므로 반박음질(p.36 참고)로 튼튼하게 바느질하자. 큰 덩어리의 솜을 무리하게 채우면 인형이 울퉁불퉁해질 수 있다. 적당한 크기로 나누어 조금씩 채우는 게 좋다.

방법 1 손잡이가 달린 바늘이나 긴 바늘로 안쪽에 있는 솜을 찌른다. 뭉쳐진 곳을 풀어 형태를 다듬는다.

방법 2 양손으로 인형 얼굴을 꾹꾹 누르며 원하는 형태로 다듬는다. 많이 튀어나온 부분을 누르는 것이 포인트다.

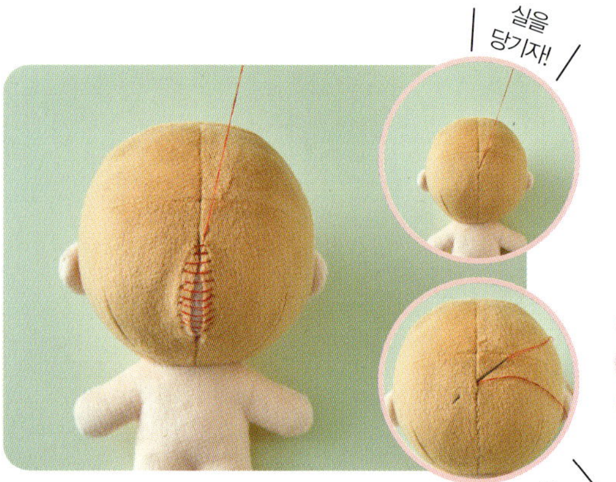

21 공그르기로 창구멍을 막는다

뒤통수의 목부터 공그르기한다. 바느질한 뒤에는 마지막에 실을 당겨 조인 뒤 매듭을 짓는다. 매듭 지은 곳으로 바늘을 찔러 넣어 매듭을 숨긴다.

공그르기

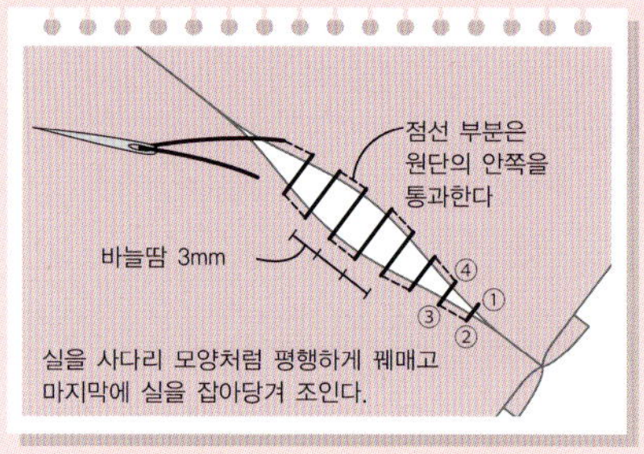

창구멍 양쪽을 사다리 모양처럼 번갈아 꿰매는 방법. 시작할 때 원단 안쪽에서 바늘을 넣어야 매듭이 보이지 않는다.

22 앞머리를 시침핀으로 고정한다

4의 앞머리를 인형 얼굴에 대고 위치를 맞춘 뒤 시침핀으로 고정한다.

23 글루건으로 붙여서 연결한다

예열해 둔 글루건을 사용해 앞머리와 이마의 경계를 붙인다. 글루건이 굳기 전에 재빨리 붙여야 한다.

24 앞머리의 세밀한 부분도 글루건으로 붙인다

세밀한 부분도 글루건을 사용해 꼼꼼하게 붙인다. 헤어 끝부분은 무리하게 붙이지 않아도 괜찮다.

25 완성!

Lesson 3

대형 인형 만드는 방법

준비물

기본 헤어스타일의 대형 인형

도안 : p.90~93 참고(기본 헤어스타일은 p.96 참고)

- 바디 원단(소프트보아) : 세로20×가로60cm
- 헤어 원단(소프트보아) : 세로20×가로40cm※
- 헤어 원단(나이렉스) : 세로10×가로18cm※

공통

- 눈 소재(p.34~35 참고)
- 자수실(눈썹, 입)
- 수예솜 약 40g
- 재봉실

※기본 헤어스타일 기준. 헤어스타일에 따라 필요한 원단의 크기가 다르다. 도안을 보고 미리 확인하자.

1 도안을 원단에 옮겨 그린다

완성선과 맞춤점 표시도 꼼꼼하게 옮겨 그린다.

2 모든 부위의 원단을 자른다

3 중형 인형의 9까지 과정과 같은 방법으로 얼굴을 만든다

p.32~37을 참고하자.

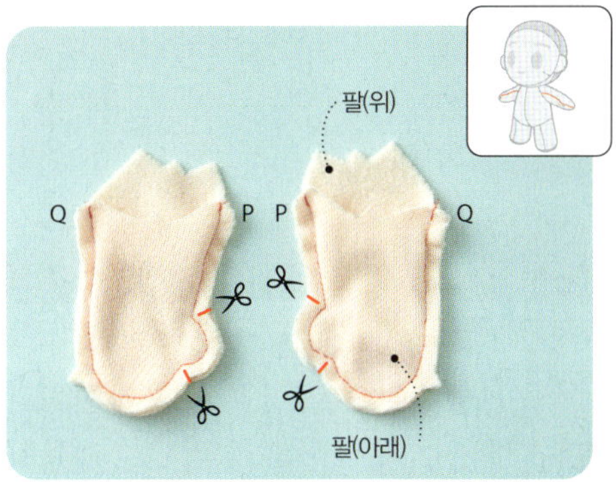

4 팔을 각각 겉끼리 맞대고 바느질한 뒤 가위집을 낸다

상하 · 좌우 방향을 틀리지 않도록 주의한다. 바느질한 뒤에는 사진과 같이 솔기에서 약 1mm 떨어진 곳까지 가위집을 낸다.

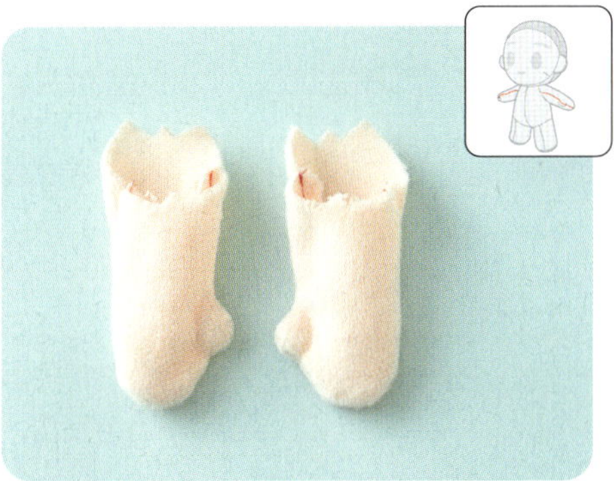

5 겉으로 뒤집어 모양을 다듬는다

핀셋이나 겸자를 사용하면 깔끔하게 뒤집을 수 있다. 엄지손가락 끝도 잊지 말고 뒤집자.

6 다리를 각각 겉끼리 맞대고 바느질한다

도안에 있는 맞춤점 표시와 기호를 확인하며 방향을 틀리지 않도록 주의한다.

7 몸에 5의 팔을 놓고 완성될 모습을 확인한다

바느질하기 전에 연결할 부위를 겹쳐 둔다. 엄지손가락이 배를 향하게 해야 한다.

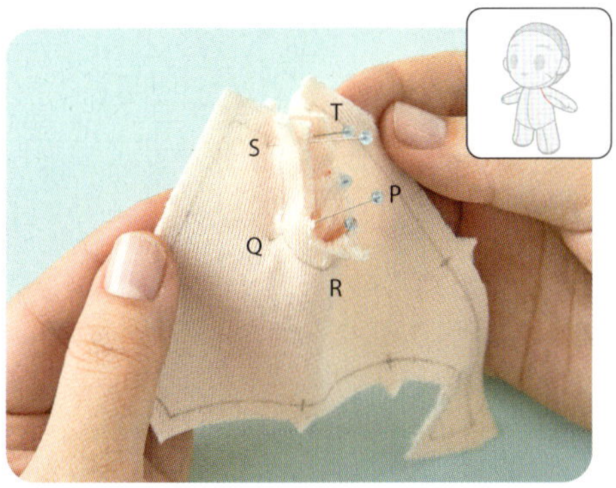

8 몸과 팔을 시침핀으로 고정한다

도안을 보면서 맞춤점 표시와 기호가 잘 맞는지 확인한다.

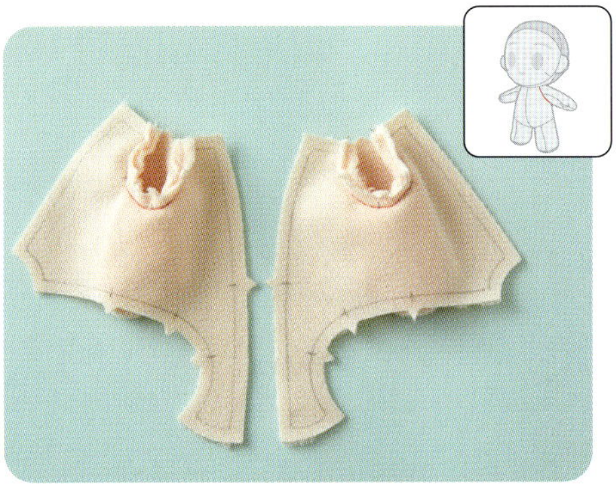

9 **몸과 팔을 서로 연결한 모습**

세밀한 곡선은 재봉틀을 사용하면 입체적으로 완성하기 어려울 수 있다. 이 부분만 손바느질해도 상관없다.

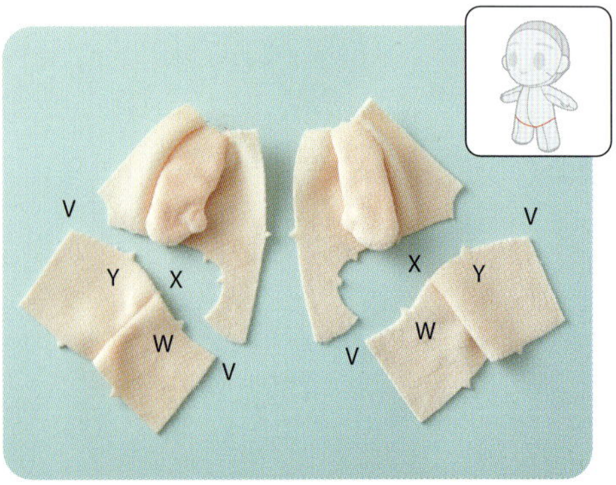

10 **겉으로 뒤집은 9의 아래에 6의 다리를 펼쳐 두고 완성될 모습을 확인한다**

팔까지 완성된 몸 아래에 두 다리를 연결한 모습을 확인한다.

11 **몸과 다리를 겉끼리 맞대고 시침핀으로 고정한다**

12 **몸과 다리를 서로 연결한 모습**

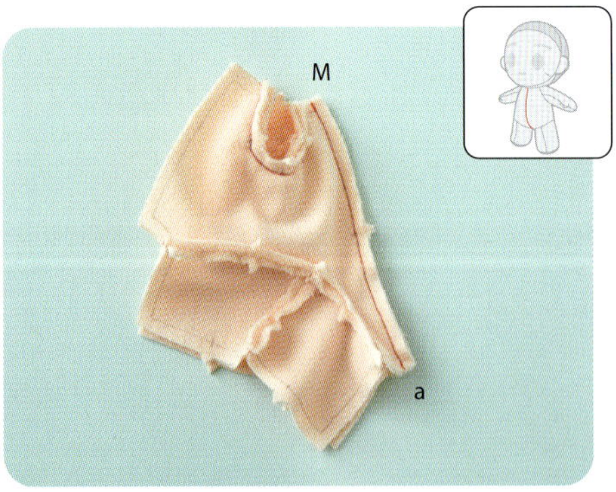

13 **12를 겉끼리 맞대고 몸의 중심선을 바느질한다**

14 **13을 펼친 모습(안면)**

15 13을 펼친 모습(겉면)

목덜미 헤어 이 단계를 마치면 p.53의 작업으로!

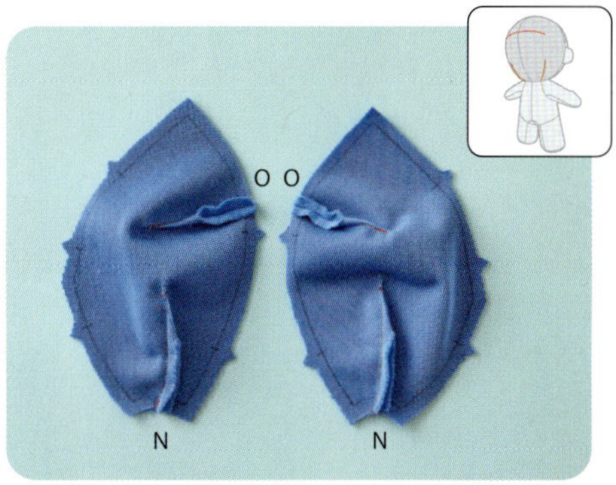

16 뒤통수의 다트 네 군데를 바느질한다

다트를 바느질한 뒤에는 가위집을 내고 시접을 가른다(p.37 10 참고).

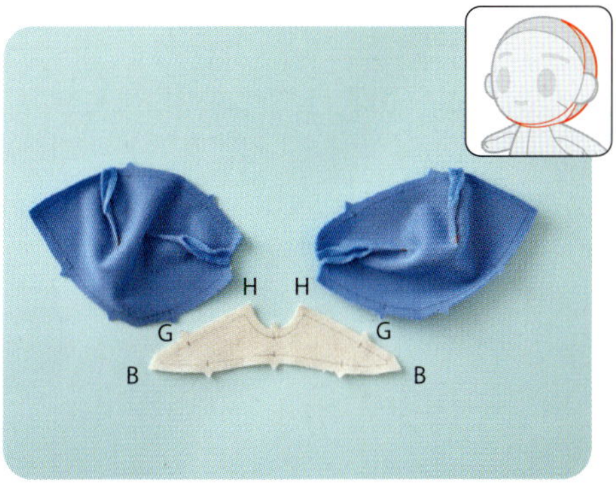

17 턱과 16의 뒤통수를 사진과 같이 펼쳐 둔다

바느질하기 전에 연결할 부위를 펼쳐 두고 완성될 모습을 확인한다. 도안에 있는 맞춤점 기호를 확인하는 것도 잊지 말자.

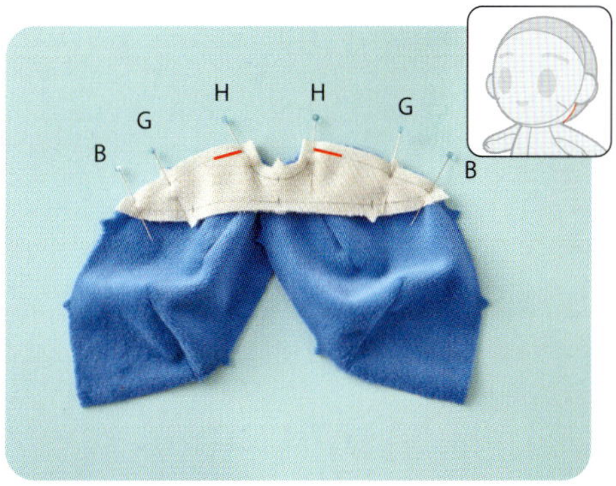

18 시침핀으로 고정한다

삐죽 머리 H부터 약 1cm 떨어진 곳까지만 바느질한다!

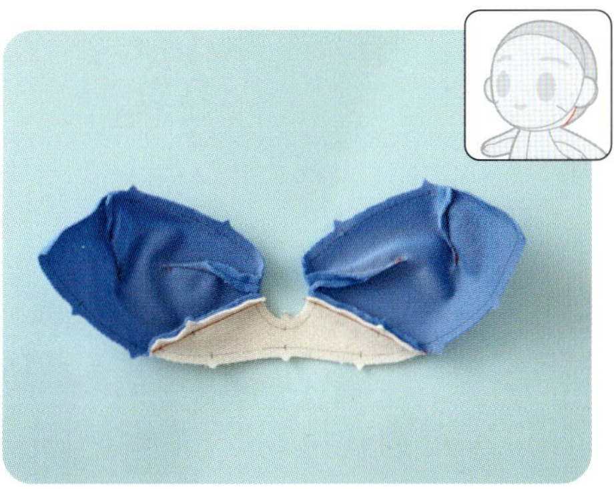

19 뒤통수와 턱을 연결한 모습

20 뒤통수와 연결한 턱(19), 몸(15)을 사진과 같이 펼쳐 둔다

바느질하기 전에 연결할 부위를 펼쳐 두고 완성될 모습을 확인한다. 도안에 있는 맞춤점 기호를 확인하는 것도 잊지 말자.

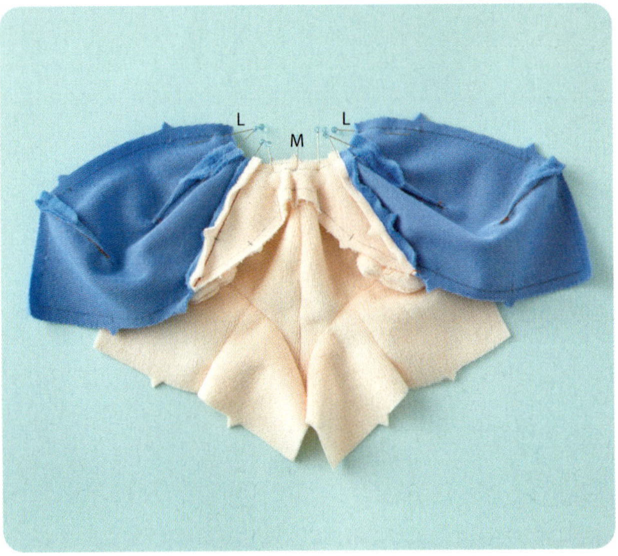

21 시침핀으로 고정한다

22 21을 연결한 모습

좌우 뒤통수, 턱, 몸, 팔, 다리가 모두 연결되었다.

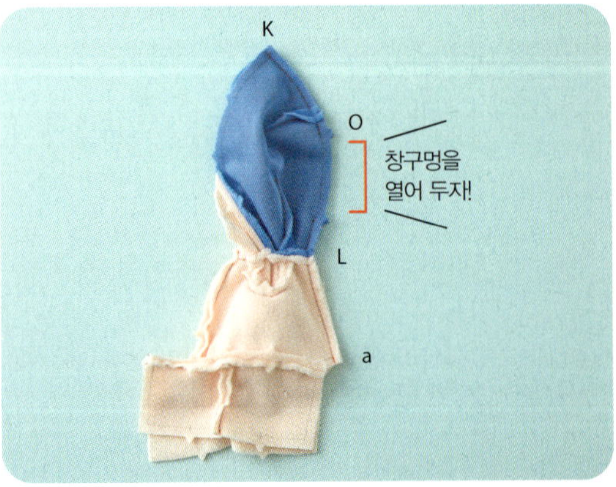

23 22를 겉끼리 맞대고 뒤통수 중심부터 목과 등까지 바느질한다

창구멍은 막지 않고 열어 둔다.

삐죽머리 이 단계를 마치면 p.50의 작업으로!

뒷머리 이 단계를 마치면 p.51의 작업으로!

24 안쪽 다리를 시침핀으로 고정한다

도안을 보면서 맞춤점 표시와 기호가 어긋나지 않도록 주의한다.

25 안쪽 다리를 바느질한 모습

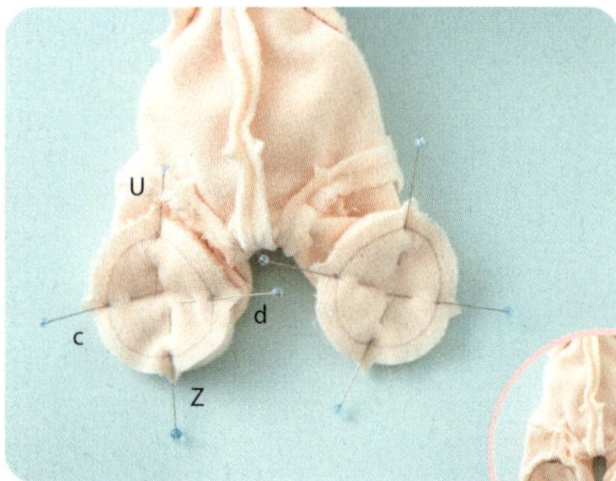

26 다리에 발바닥을 연결한다

발끝과 뒤꿈치의 위치를 틀리지 않도록 주의한다.
도안에 있는 맞춤점 기호를 정확하게 확인하자.

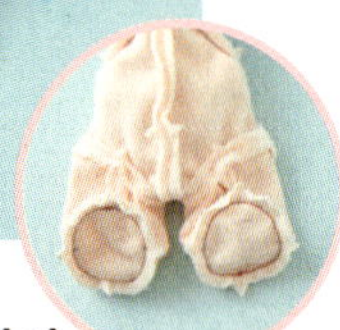

둥글고
깔끔하게
마무리하자!

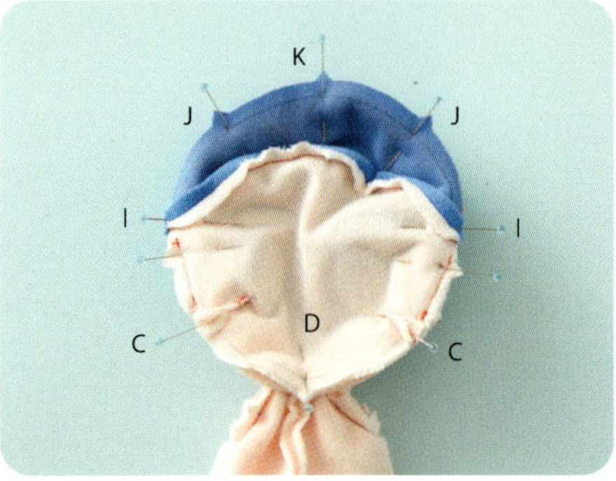

27 3의 얼굴을 겉끼리 맞대고 바느질한다

중형 인형 만드는 방법(p.38) 16을 참고하자. 얼굴 주변의 맞춤점 기호를 맞춰 가며 둥글게 바느질한다.

28 인형을 겉으로 뒤집는다

창구멍에 겸자를 넣어 겉으로 뒤집는다(p.39 18 참고). 엄지 손가락 끝도 잊지 말고 뒤집자.

29 발바닥에 펠릿을 채운다

창구멍을 통해 펠릿 약 14g(한쪽 발에 약 7g 정도)을 발바닥에 넣는다. 내부 구조는 오른쪽 그림을 참고하자.

펠릿과 솜 채우는 방법

① 양쪽 발에 펠릿을 균일하게 채운다

② 펠릿이 나오지 않게 뚜껑을 덮는다는 느낌으로 발에 솜을 확실히 채운다

③ 손→④배→⑤가슴 순으로 솜을 채운다

⑥ 머리는 둥글고 부드러운 모양이 되도록 신경 쓴다

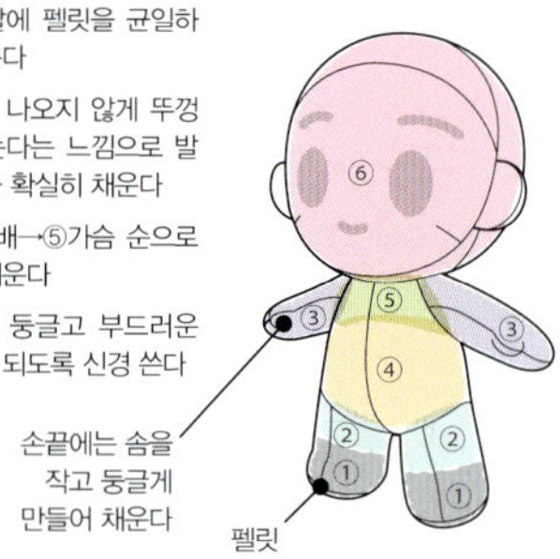

30 솜을 채운 뒤 뒤통수를 공그르기 한다

중형 인형 만드는 방법 p.39~40을 참고하자.

31 앞머리를 글루건으로 붙이면 완성!

중형 인형 만드는 방법 p.40을 참고하자.

Lesson 4

다양한 헤어스타일 만드는 방법

삐죽 머리

\ Process /

소 중 p.37 11→	다음에 삐죽 머리를 만들고	→12로 돌아간다
대 p.46 23→		→24로 돌아간다

◆삐죽 머리는 p.32 1, 2의 순서대로 소프트보아 두 장을 붙인 원단으로 만든다.

1 도안을 원단에 옮겨 그린 뒤 원단을 자르고 가위집을 낸다.

시접 폭의 절반 정도까지 가위집을 낸다.

완성선보다 2~3mm 바깥쪽으로 바느질하자!

2 삐죽 머리를 뒤통수에 시침핀으로 고정한 뒤 바느질한다

완성선보다 2~3mm 바깥쪽으로 바느질한다. 가위집을 내면 시접이 벌어져 뒤통수에 자연스럽게 맞출 수 있다.

3 바느질한 삐죽 머리를 겉으로 뒤집은 모습

대 는 이 다음 p.45 18에서 남겨 둔 H~G~B를 바느질한다.

Point

▶이 다음 단계부터는 각 사이즈의 인형을 만드는 방법과 같다(Lesson2・3 참고). 다만 삐죽 머리 두께만큼 두꺼워지므로 원단끼리 어긋나기 쉽다. 맞춤점 표시와 기호를 반드시 확인하자!

▶삐죽 머리 끝까지 바느질하지 않도록 주의하자!

엘프 귀

\ Process /

소 중 대 p.36 5 대신 엘프 귀를 바느질한다

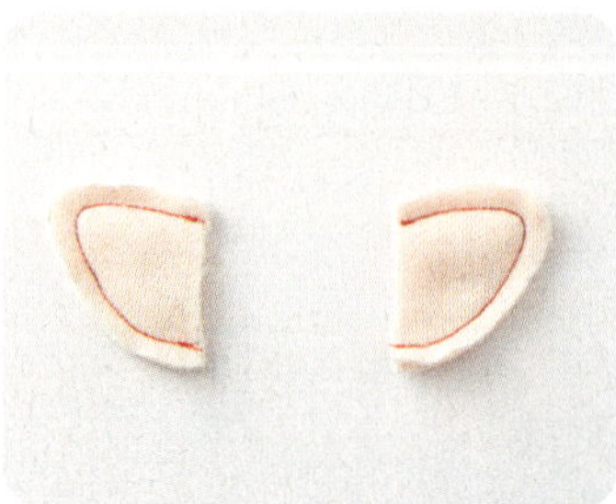

1 엘프 귀를 각각 바느질한다

p.36 5를 참고하자.

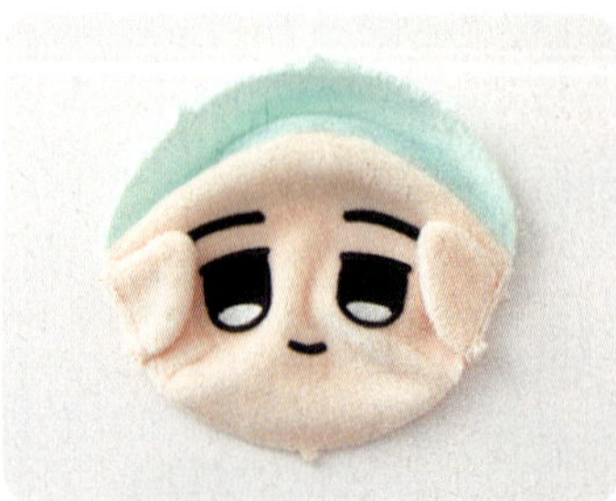

2 얼굴의 시접 부분에 귀를 단다

p.37 9를 참고하자. 도안을 보고 귀 위치를 확인하며 바느질한다.

소형 인형은 나이렉스 원단을 붙인 뒤 자르기만 하면 된다!

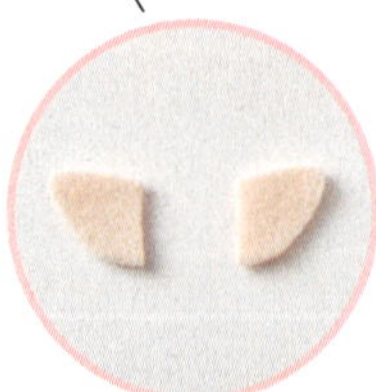

※ 붙이는 방법은 p.36 4를 참고하자.

뒷머리

Process

소 중 p.37 11→	다음에 뒷머리를 만들고	→12로 돌아간다
대 p.46 23→		→24로 돌아간다

◆뒷머리는 p.32 1, 2의 순서대로 소프트보아와 나이렉스를 붙인 원단으로 만든다.

※ 소형 인형은 원단을 붙이지 않고 소프트보아 원단 한 장으로 만들어도 상관없다.

1 도안을 원단에 옮겨 그린 뒤 원단을 자른다

2 원단을 겉끼리 맞대고 뒤 중심을 바느질한다

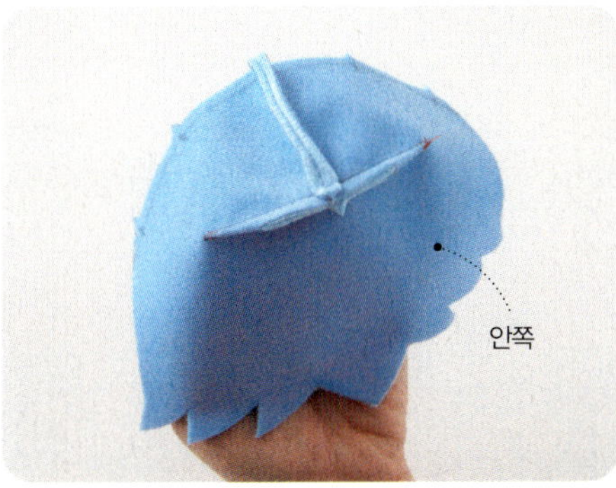

3 다트를 바느질한다

다트 시접이 있는 쪽이 뒷머리의 안쪽이 된다.

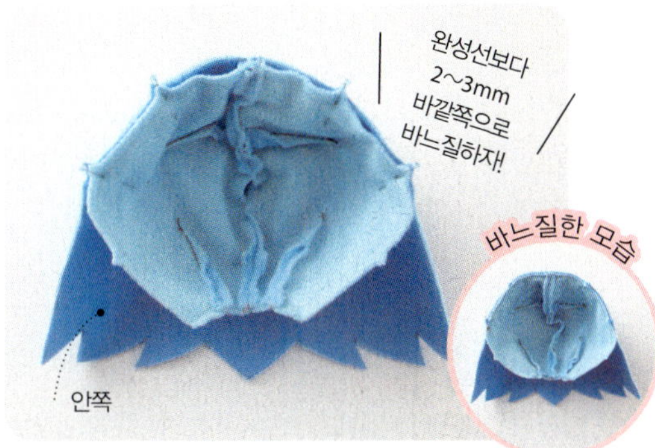

4 3의 안쪽에 뒤통수를 시침핀으로 고정한 뒤 바느질한다

안경

◆사용 재료 : 하드펠트

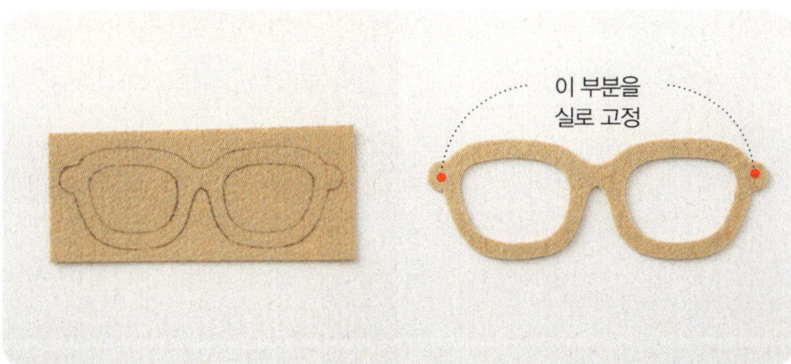

1 하드펠트에 도안을 옮겨 그린 뒤 아트 나이프로 자르면 완성!

인형을 완성한 뒤 안경을 씌워 위치를 확인하고 안경 양끝을 실로 고정한다.

목덜미 헤어 ⓢ소 ⓢ중

Process

p.37 9 다음에 목덜미 헤어를 만들고	→ 삐죽 머리 → 뒷머리	→ p.38 12로 돌아간다

◆ 목덜미 헤어는 p.32 1, 2의 순서대로 소프트보아 두 장을 붙인 원단으로 만든다. 목덜미 헤어 뒤통수(위 · 아래)는 붙일 필요가 없다.

1 도안을 원단에 옮겨 그린 뒤 원단을 자른다

목덜미 헤어는 양면 소프트보아로 만든다. 목덜미 헤어 뒤통수(아래) 도안은 좌우가 붙어 있는 모양을 사용한다.

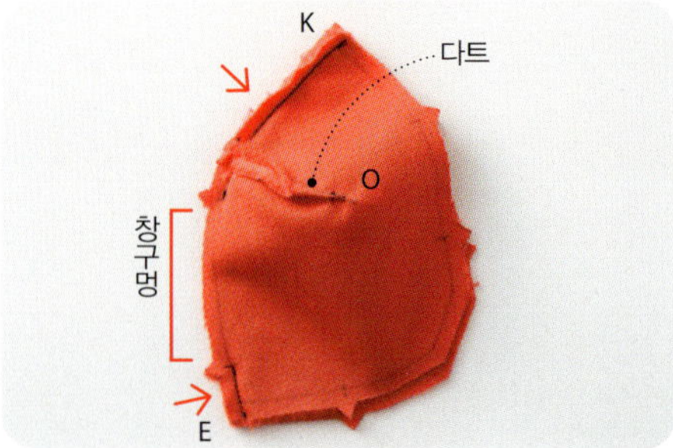

2 목덜미 헤어 뒤통수(위) 다트를 바느질한 뒤 원단 두 장을 겉끼리 맞대고 바느질한다

p.37 10, 11을 참고하자.

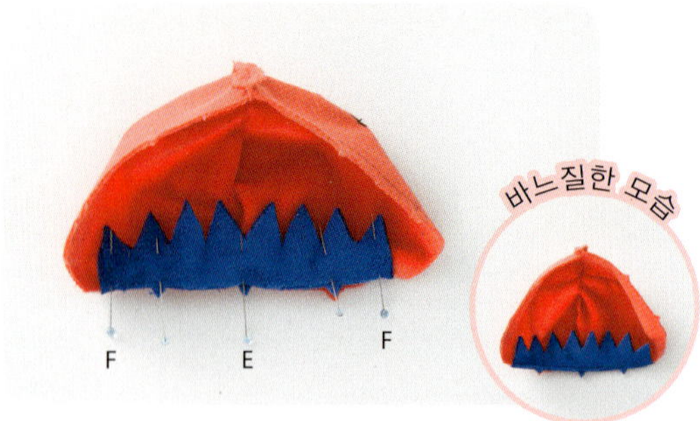

3 2에 목덜미 헤어를 시침핀으로 고정한 뒤 시접에 바느질한다

목덜미 헤어의 방향에 주의하면서 완성선보다 2~3mm 바깥쪽으로 바느질한다.

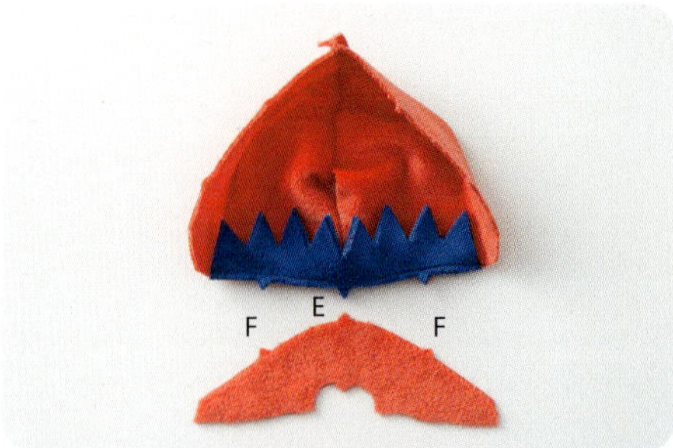

4 3아래에 목덜미 헤어 뒤통수(아래)를 놓고 완성될 모습을 확인한다

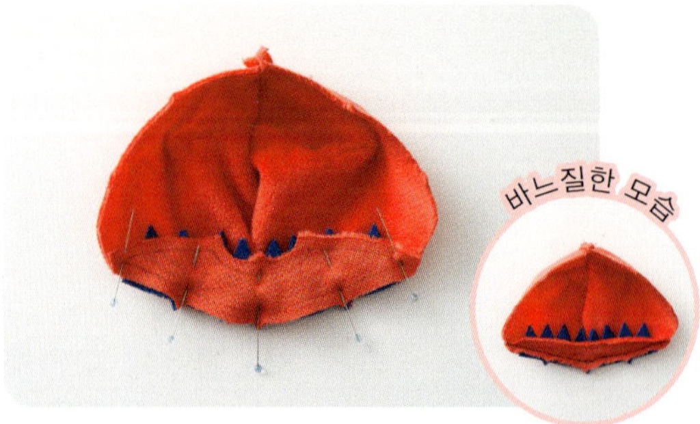

5 시침핀으로 고정한 뒤 완성선을 따라 바느질한다

6 겉으로 뒤집은 모습

목덜미 헤어 뒤통수(위 · 아래)에 목덜미 헤어를 연결한 모습이다.

목덜미 헤어 (대)

Process

p.45 15 다음에 목덜미 헤어를 만들고 → 삐죽 머리 → 뒷머리 → p.47 24로 돌아간다

◆ 목덜미 헤어는 p.32 1,2의 순서대로 소프트보아 두 장을 붙인 원단으로 만든다. 목덜미 헤어 뒤통수(위 · 아래)는 붙일 필요가 없다.

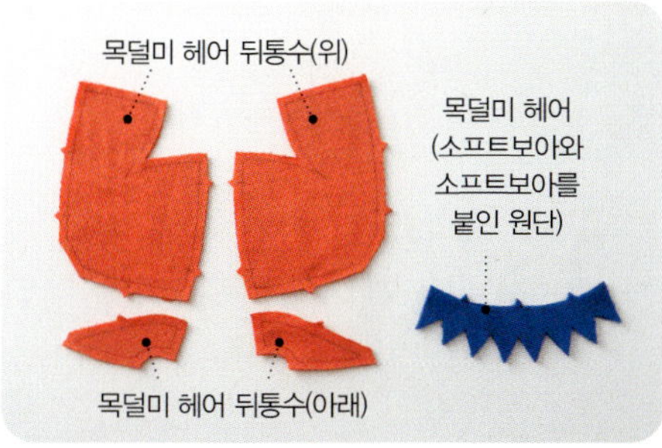

1 도안을 원단에 옮겨 그린 뒤 원단을 자른다

목덜미 헤어는 양면 소프트보아로 만든다. 목덜미 헤어 뒤통수(아래) 도안은 좌우가 나뉜 모양을 사용한다.

2 목덜미 헤어 뒤통수(위)와 목덜미 헤어를 바느질한다

p.52 2~3과 같은 방법으로 만든다.

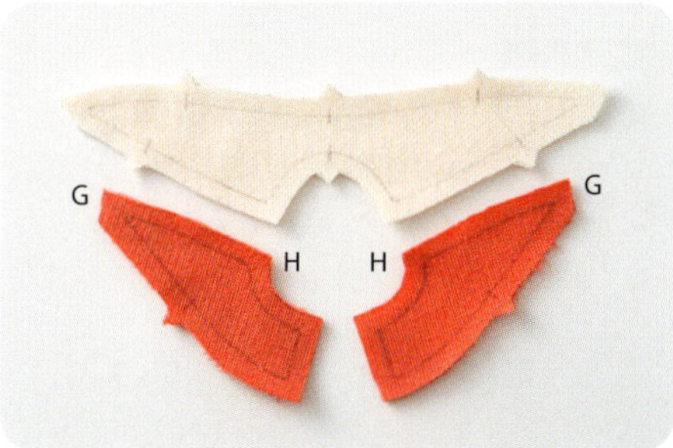

3 턱과 목덜미 헤어 뒤통수(아래)를 놓고 완성될 모습을 확인한다

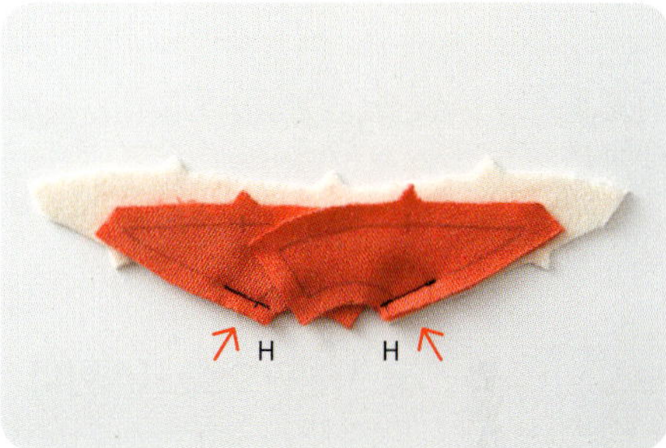

4 3을 바느질한다

완성선의 절반 위치까지만 바느질한다. 전부 바느질하지 않도록 주의한다.

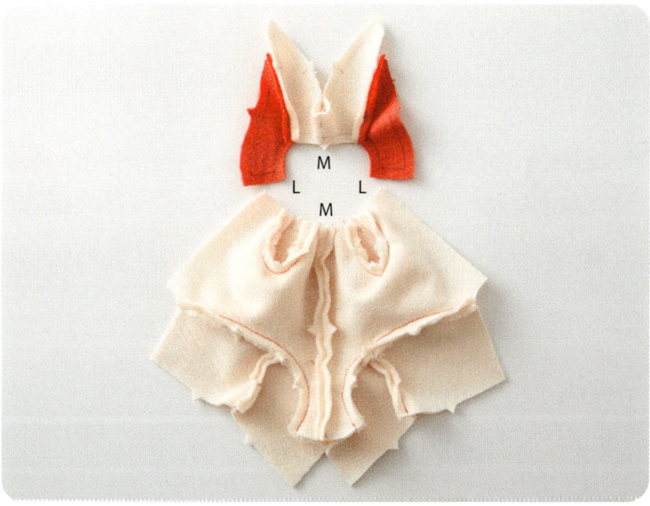

5 대형 인형의 몸과 4를 놓고 완성될 모습을 확인한다

대형 인형의 몸은 p.45 15에서 만든 것이다.

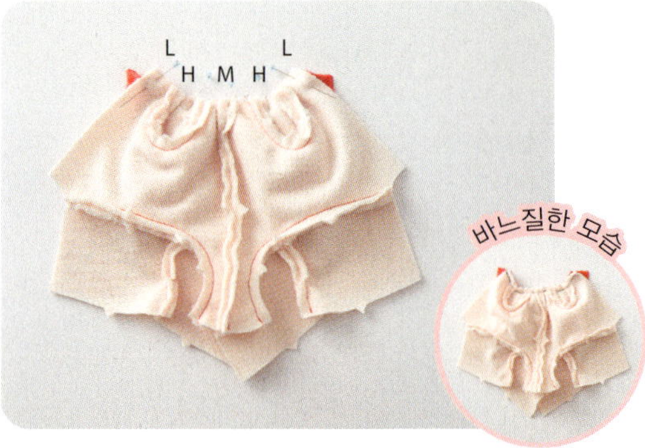

6 5를 시침핀으로 고정한 뒤 바느질한다

도안을 보며 맞춤점 표시와 기호가 어긋나지 않도록 주의한다. p.46 21~22를 참고하자.

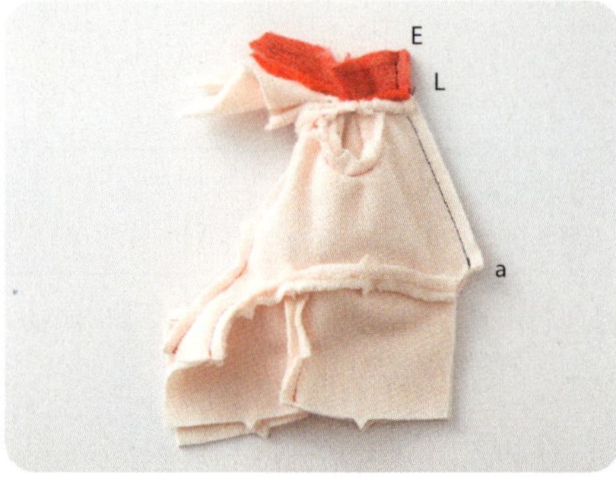

7 6을 겉끼리 마주 보게 접은 뒤 목덜미 헤어 뒤통수(아래)부터 등까지 바느질한다

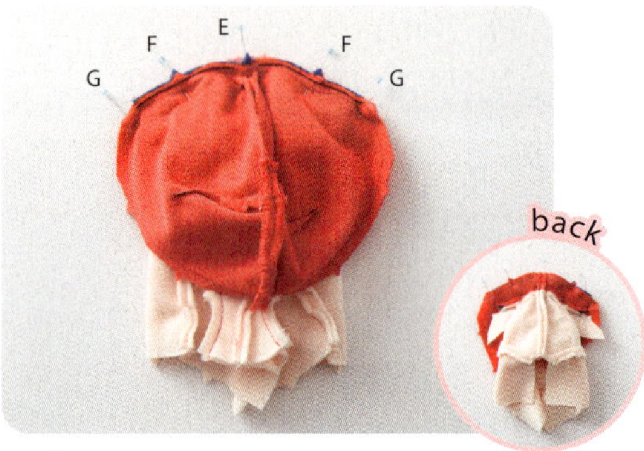

8 2와 7을 시침핀으로 고정한다

9 완성선을 따라 바느질한다

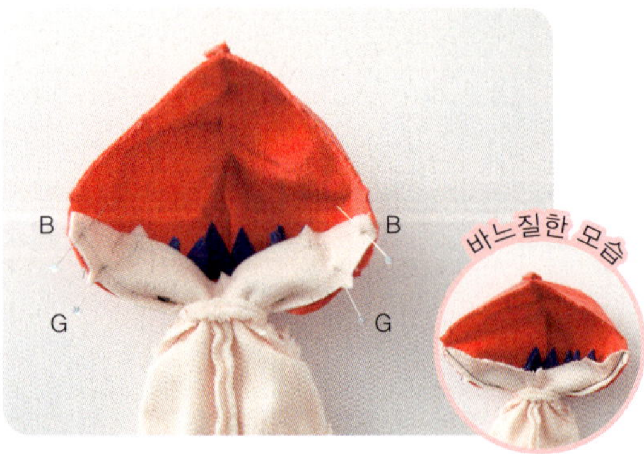

10 턱선을 바느질한다

4에서 남겨 둔 부분을 바느질한다. 목덜미 헤어까지 바느질하지 않도록 주의하자.

11 겉으로 뒤집은 모습

목덜미 헤어까지 연결해 완성했다.

투톤 헤어

Process

(소)(중)(대) 인형 모두 이 방법으로 헤어 부위를 먼저 만들어 둔다

• 사용 재료 : 색이 다른 소프트보아, 나이렉스, 접착 시트, 유산지

1 소프트보아(앞면)와 나이렉스(뒷면)를 붙여 앞머리를 만든다

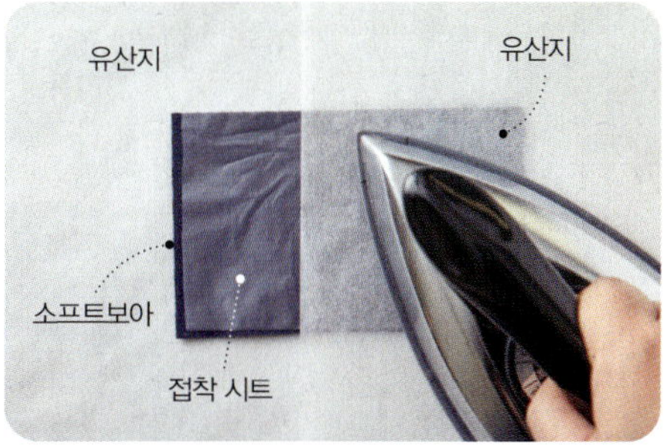

2 색이 다른 소프트보아 원단 뒷면에 접착 시트를 붙인다

아래부터 유산지, 소프트보아, 접착 시트, 유산지 순이다.

3 열이 식으면 유산지에서 소프트보아를 떼어 내고 원단에 앞머리 끝부분 도안을 옮겨 그린 뒤 원단을 자른다

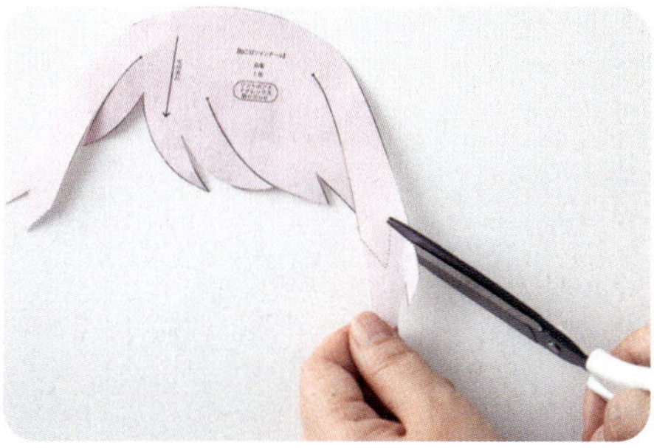

4 (1)을 만들 때 사용한 도안의 앞머리 끝부분을 가위로 자른다

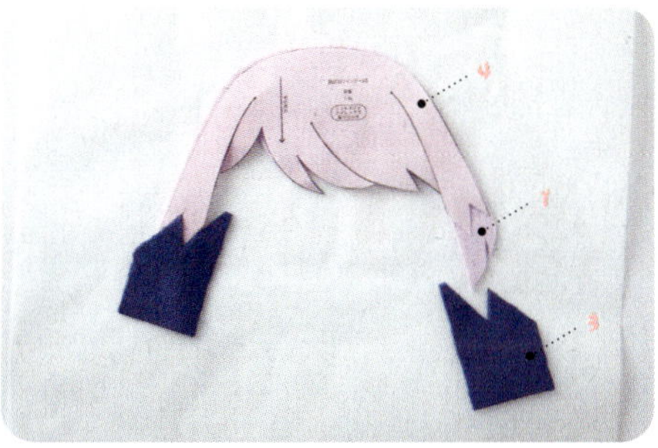

5 아래부터 (1)앞머리, (4)앞머리 끝부분을 자른 도안, 도안에 맞춰 자른 (3)을 겹쳐 둔다

앞머리와 앞머리 끝부분이 어긋나지 않도록 위치를 정확히 확인한다.

6 (5)위에 유산지를 대고 다리미로 꾹꾹 눌러 붙인다

7 잘 접착되었는지 확인한 뒤 필요 없는 부분을 자른다

8 완성!

솜 추가 부위

테일

Process

소 중 대 인형 모두 기본 헤어스타일의 인형을 만드는 방법으로 뒤통수를 완성한 뒤 테일을 달면 된다.

1 도안을 원단에 옮겨 그린 뒤 원단을 자른다

테일은 모두 소프트보아로 만든다.

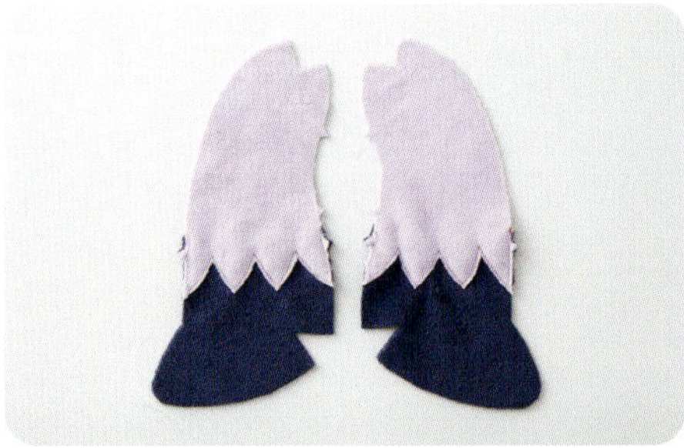

2 테일 위·아래를 겹쳐 지그재그 선을 따라 앞면에서 바느질한다

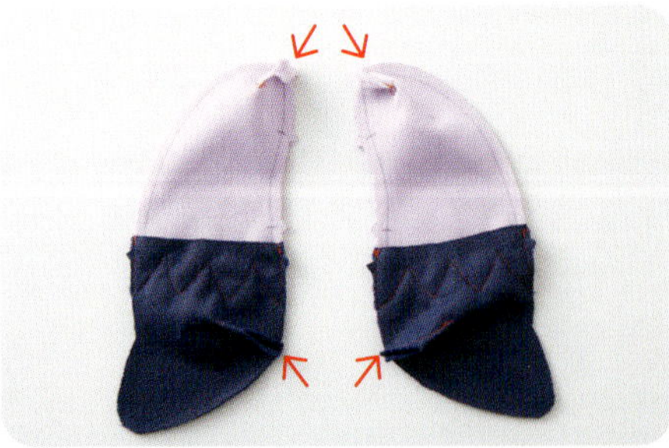

3 다트를 바느질한다

다트를 모두 바느질한 뒤 가위집을 내고 시접을 가른다. p.37 7을 참고하자.

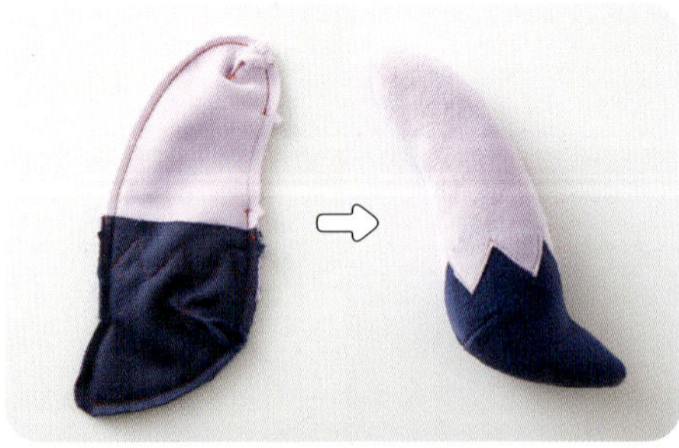

4 3을 겉끼리 맞대고 바느질한 뒤 겉으로 뒤집어 솜을 채운다

창구멍을 남기고 둥글게 바느질한 뒤, 솜을 넣고 창구멍을 공그르기한다(p.40 21 참고). 완성한 테일은 뒤통수에 공그르기로 단다(p.60 7 참고).

고양이 귀

Process

소 중 대 인형 모두 p.37 7 다음에 고양이 귀를 만들고 p.37 8로 돌아간다.

◆사용 재료: 소프트보아(붙이지 않은 원단), 펠트, 두꺼운 퀼트솜

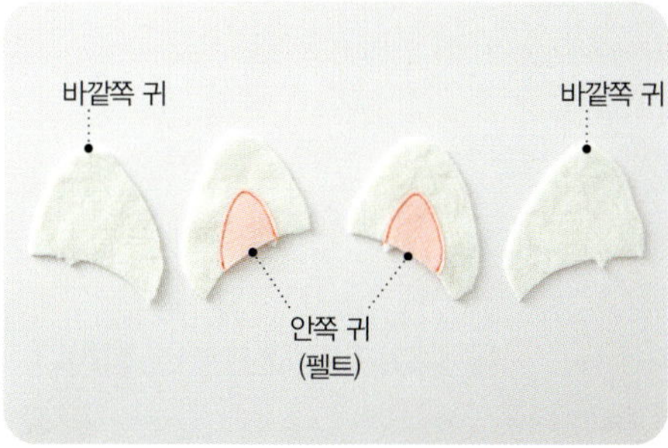

1 **도안을 원단에 옮겨 그린 뒤 원단을 자르고, 안쪽 귀를 바깥쪽 귀의 앞면에 겹쳐 바느질한다**

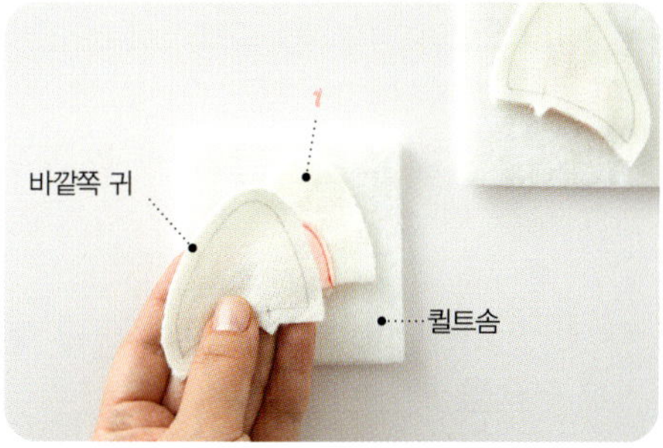

2 **사진과 같이 세 장을 순서대로 겹쳐 둔다**

아래부터 퀼트솜, 1, 안쪽 귀를 달지 않은 바깥쪽 귀 순이다.

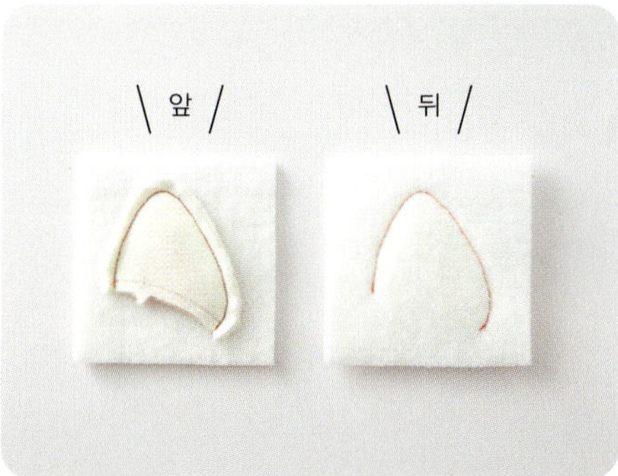

3 **2를 바느질한다**

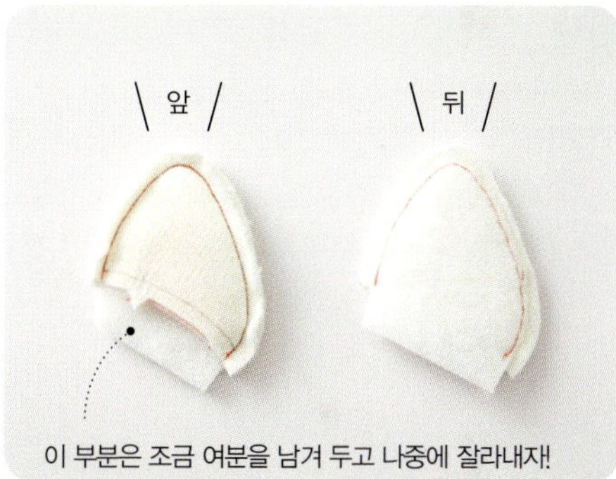

4 **사진과 같이 자른다**

5 **겉으로 뒤집는다**

핀셋이나 겸자를 사용하면 깔끔하게 뒤집을 수 있다.

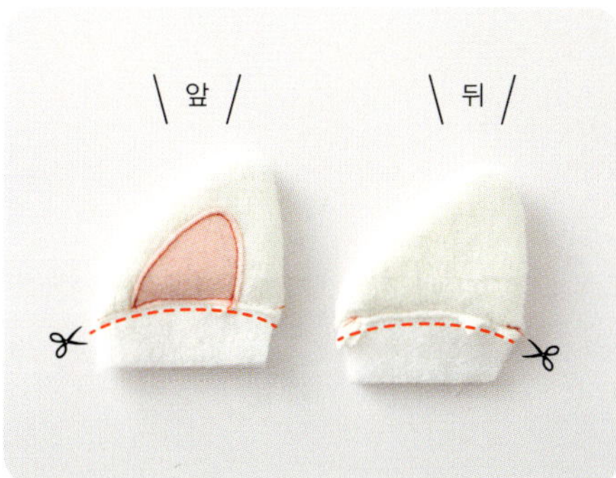

6 **아래쪽 끝에서 2~3mm 떨어진 곳을 바느질한 뒤 튀어나온 퀼트솜을 자른다**

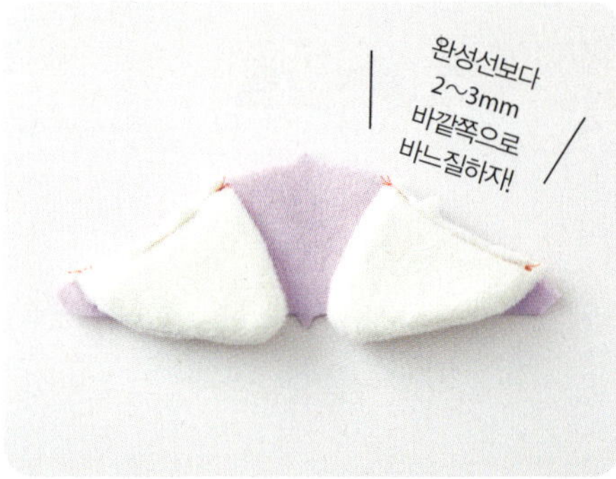

7 6아래에 이마를 놓고 완성될 모습을 확인한다

8 7을 겉끼리 맞대고 바느질한다

당고 머리 중 대

\ Process /

소 중 대 인형 모두 기본 헤어스타일의 인형을 만드는 방법으로 뒤통수를 완성한 뒤 당고를 달면 된다.

1 도안을 원단에 옮겨 그린 뒤 원단을 자르고, 당고 옆면 여덟 장을 각각 겉끼리 맞대고 바느질한다

옆면의 한쪽만 바느질한다. 양쪽을 모두 바느질하지 않도록 주의한다.

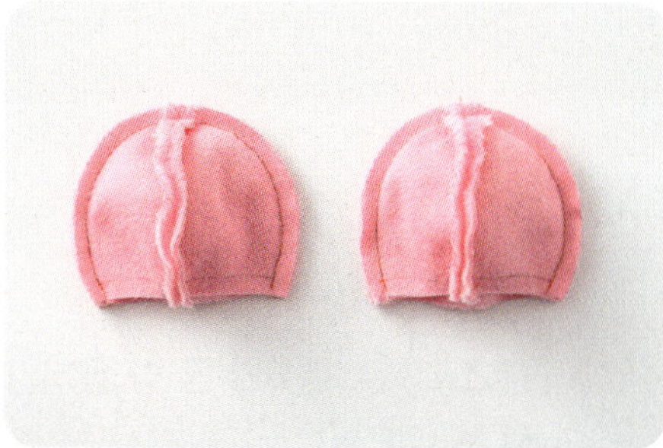

2 1을 두 장씩 겉끼리 맞대고 바느질한다

3 2에 당고 바닥을 시침핀으로 고정한 뒤 바느질한다

대형 인형의 발바닥(p.47 26 참고)과 같은 방법으로 바느질한다. 창구멍은 막지 않고 열어 둔다.

4 겉으로 뒤집어 솜을 채운다

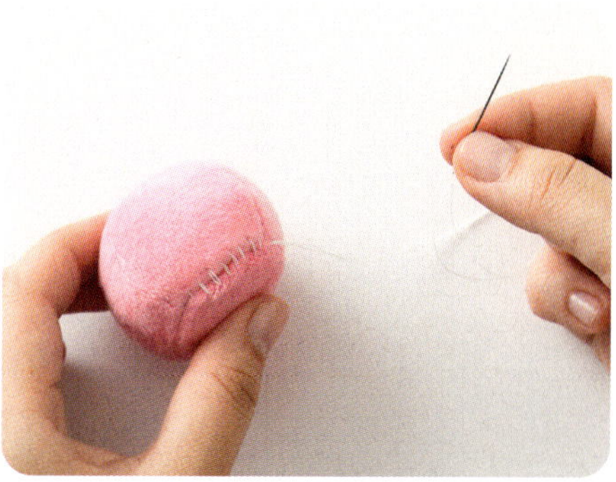

5 공그르기로 창구멍을 막는다

공그르기 하는 방법은 p.40 21을 참고하자.

6 뒤통수까지 완성한 인형에 5를 시침핀으로 고정한다

당고를 지탱할 수 있도록 시침핀은 주변 네 군데 정도 찌른다.

7 공그르기로 한 바퀴를 빙 둘러가며 당고를 달면 완성!

솜 추가 부위

당고 머리 (소)

1 도안을 원단에 옮겨 그린 뒤 원단을 자르고, 가장자리를 약 3mm 간격으로 홈질한다

2 안에 솜을 채우고 실을 잡아당긴 뒤 매듭을 지어 막는다

3 공그르기로 뒤통수에 당고를 단다

공그르기하는 방법은 p.40 21을 참고하자.

스킨헤드

Process

(소)(중)(대) 인형 모두 이 작업을 먼저 한 다음 p.37 9로 돌아간다

1 도안을 원단에 옮겨 그린 뒤 원단을 자른다

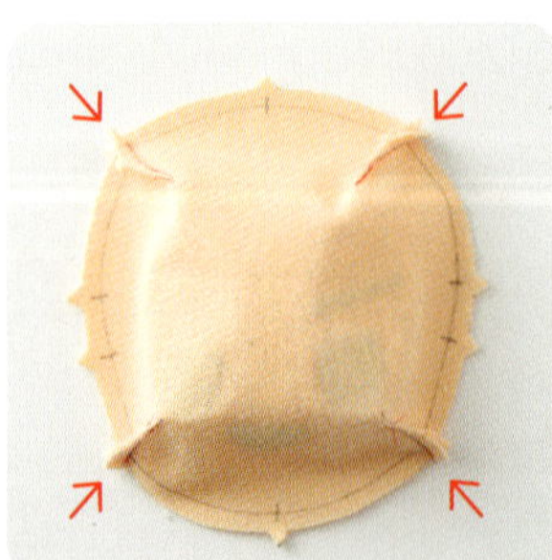

2 얼굴과 이마의 다트를 바느질한다

다트 네 군데를 바느질한 뒤 가위집을 내고 시접을 가른다(p.37 7 참고).

※ 소형 인형은 다트를 두 군데만 바느질한다.

3 귀를 달고 겉으로 뒤집은 모습

빡빡머리

Process

(소)(중)(대) 인형 모두 이 작업을 먼저 한 다음 p.37 9로 돌아간다

◆ 빡빡머리의 헤어 원단은 붙일 필요가 없다.

1 도안을 원단에 옮겨 그린 뒤 원단을 자르고, 얼굴의 다트 두 군데를 바느질한다

다트를 바느질한 뒤 가위집을 내고 시접을 가른다(p.37 7참고). 이마와 얼굴 총 네 군데에 가위집을 낸다.

2 얼굴과 이마를 겉끼리 맞대고 각진 부분까지 바느질한다

전부 바느질하지 않도록 주의한다. 도안을 보면서 맞춤점 기호를 반드시 확인하자.

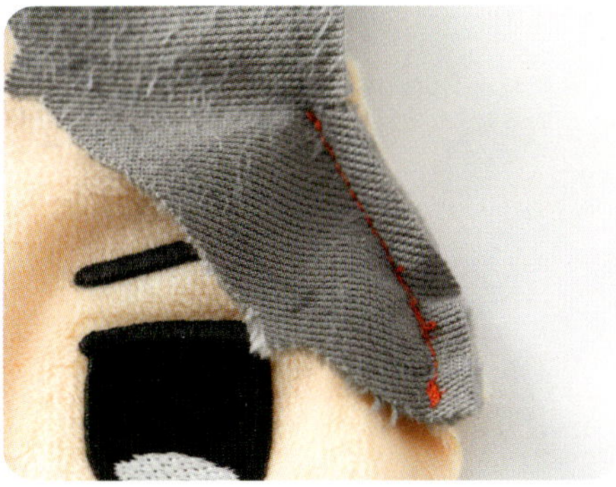

3 얼굴의 각진 부분에 낸 가위집을 벌리고 선을 따라 바느질한다

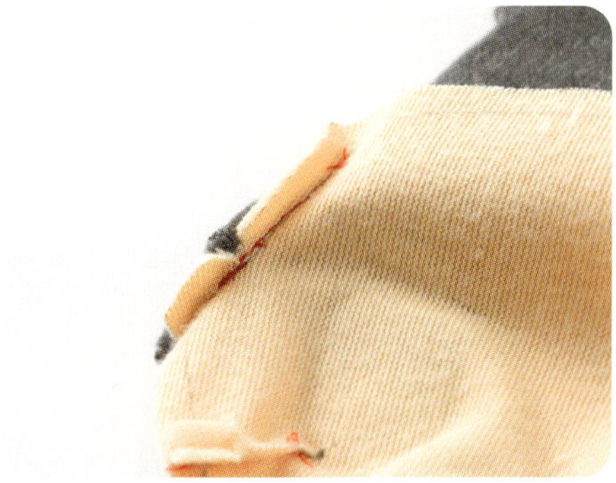

4 3을 뒤에서 본 모습

5 3을 반복하며 얼굴과 이마를 서로 연결한다

6 겉으로 뒤집은 모습

Column

파티 모자

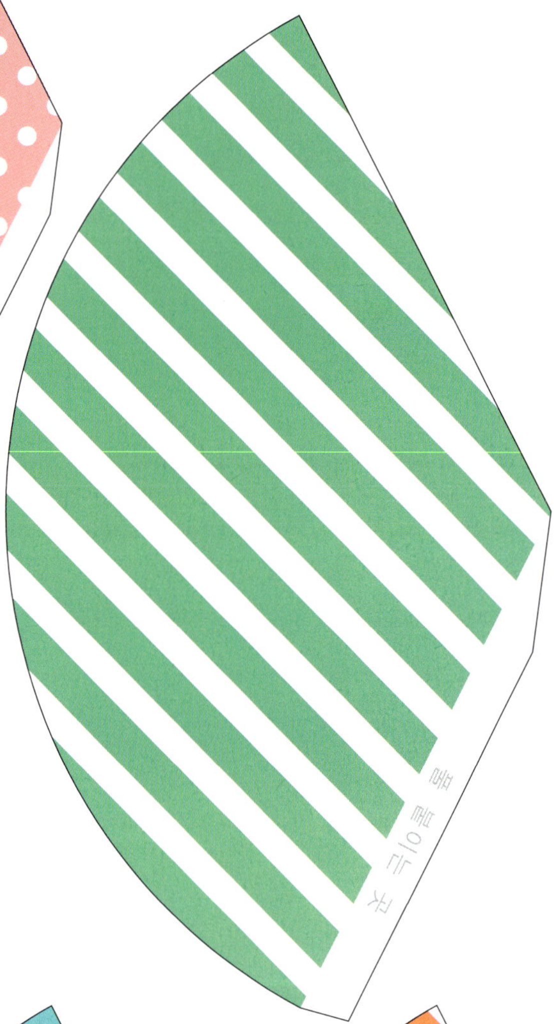

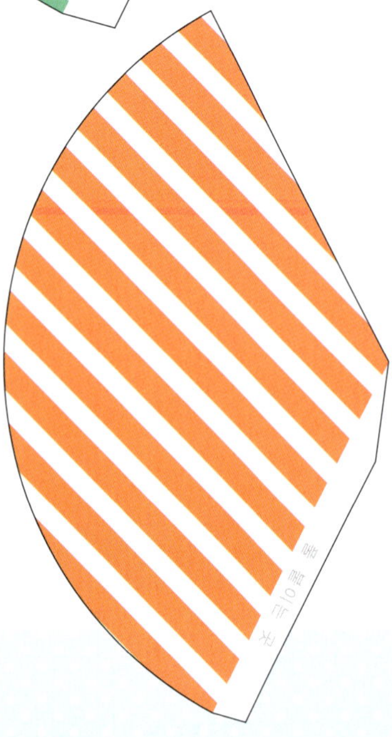

복사한 뒤 잘라 붙이기만 해도 귀여운 파티 모자를 완성할 수 있다!

Lesson 5

옷 만드는 방법

Big T-Shirt

대형 인형

티셔츠

준비물

도안 : p.113 참고

- **나이렉스 원단** 20×30cm
  - ※ 부드러운 면을 겉면으로 사용
  - ※ 브로드클로스나 시팅 등 원하는 원단 사용 가능
- **재봉실**

1 도안을 원단에 옮겨 그린 뒤 모든 부위의 원단을 자른다

완성선과 맞춤점 표시도 꼼꼼하게 옮겨 그린다. 몸판에는 가위집을 낸다.

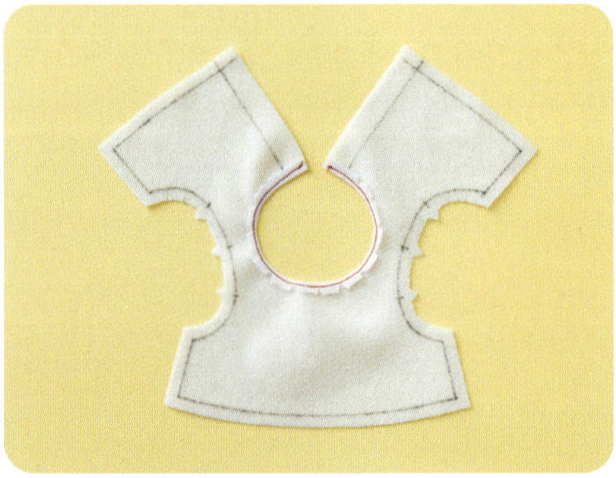

2 목둘레선을 완성선 안쪽으로 접고 끝에서 2mm 떨어진 곳을 둥글게 바느질한다

다리미를 사용해 다려 놓으면 바느질하기 훨씬 수월하다.

3 소맷부리를 완성선 안쪽으로 접고 끝에서 2mm 떨어진 곳을 바느질한다

4 몸판과 소매를 겉끼리 맞대고 시침핀으로 고정한다

몸판에 넣은 가위집을 벌려 소매와 맞춘다.

5 몸판과 소매를 바느질한 모습

6 5를 겉끼리 맞대고 소매와 몸판 옆선을 시침핀으로 고정한다

시접을 확실히 가르고 시침핀으로 고정한다.

7 양쪽 옆선을 바느질한 모습

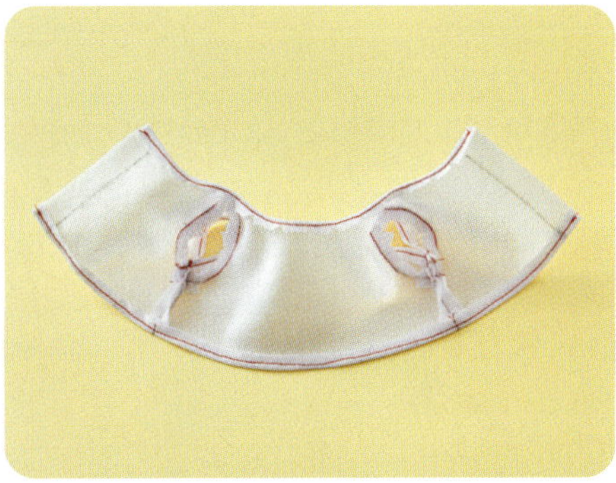

8 7을 펼친 뒤 밑단을 완성선 안쪽으로 접고 끝에서 2mm 떨어진 곳을 바느질한다

여기서도 옆선 시접을 가르고 바느질한다.

9 뒷몸판의 여밈 부분을 안쪽으로 접고 벨크로를 달면 완성!

벨크로 크기는 0.8cm×5cm 정도가 기준이다. 후크와 루프가 바뀌지 않도록 주의한다.

Big Pants

대형 인형

팬츠

준비물

도안 : p.115 참고

- 나이렉스 원단 12×32cm
  - ※ 부드러운 면을 겉면으로 사용
  - ※ 데님이나 트윌, 브로드클로스 등 원하는 원단 사용 가능
- 고무줄
- 재봉실

1 도안을 원단에 옮겨 그린 뒤 모든 부위의 원단을 자른다

완성선도 꼼꼼하게 옮겨 그린다.

2 밑단을 완성선 안쪽으로 접고 끝에서 2mm 떨어진 곳을 바느질한다

3 2를 겉끼리 맞대고 앞뒤 밑위를 바느질한다

바느질한 뒤에는 시접을 가른다.

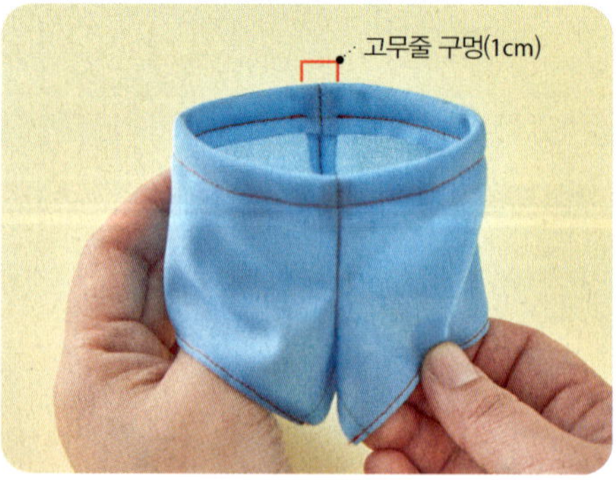

4 허리를 접음선 안쪽으로 접고 끝에서 1cm 떨어진 곳을 바느질한다

전부 바느질하지 말고 고무줄 넣을 구멍 1cm 정도를 남겨 둔다.

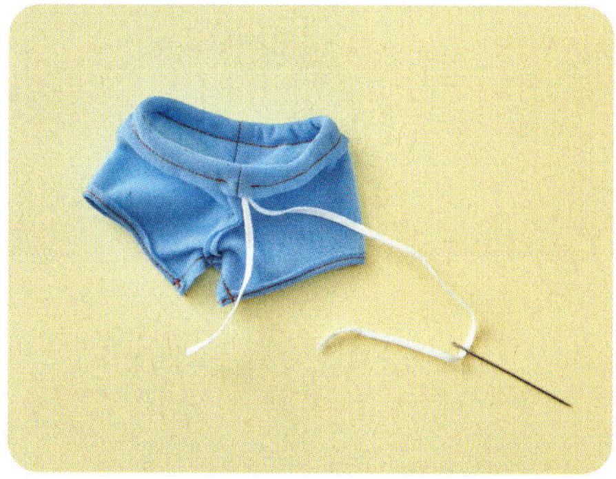

5 밑아래를 바느질한다

시접을 가르고 바느질한다.

6 허리에 고무줄을 넣고 묶은 뒤 남은 고무줄은 잘라낸다

고무줄 넣을 때는 뜨개질용 돗바늘을 사용하면 편리하다.

Point

고무줄이 너무 짧으면 인형에 자국이 남는다.
인형 사이즈에 알맞은 길이로 조절하자.

Column

스커트 만드는 방법

스커트 길이는 자유롭게 조절해 보자!

준비물

도안 : p.116 참고

- **원단**: 나이렉스, 브로드클로스, 시팅 등
- **고무줄**
- **재봉실**

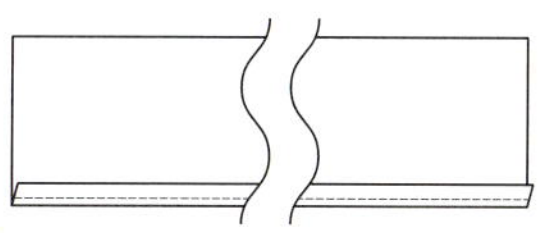

1 밑단을 완성선 안쪽으로 접고 끝에서 약 1.5~2mm 떨어진 곳을 바느질한다.

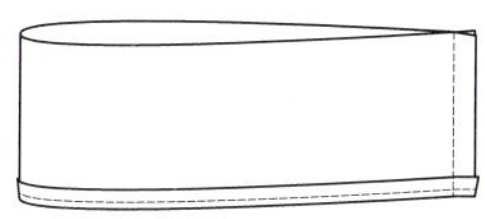

2 양끝을 겉끼리 맞대고 바느질한 뒤 시접을 가른다.

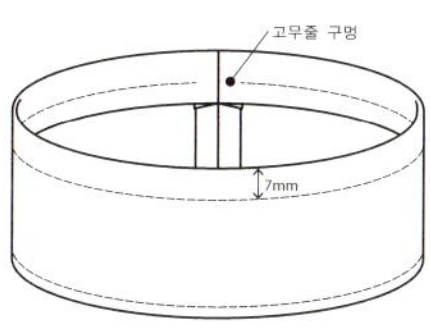

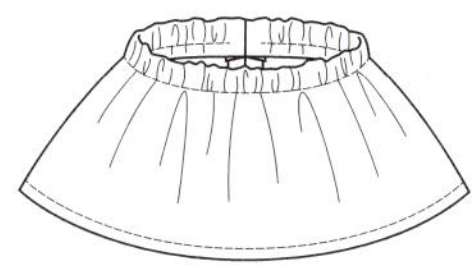

3 겉으로 뒤집어 허리를 완성선(위에서 두 번째 선) 안쪽으로 접은 뒤, 끝에서 약 7mm 떨어진 곳을 바느질한다. 이때 고무줄 넣을 구멍 1cm 정도를 남겨 둔다(p.66 4 참고).

4 p.67 6과 같은 방법으로 고무줄을 넣으면 완성!

대형 인형

재킷

준비물

도안 : p.117 참고

- 나이렉스 원단 20×60cm
  ※ 부드러운 면을 겉면으로 사용
  ※ 브로드클로스나 시팅 등 원하는 원단 사용 가능
- 단추
- 재봉실

1 도안을 원단에 옮겨 그린 뒤 모든 부위의 원단을 자른다

완성선과 맞춤점 표시도 꼼꼼하게 옮겨 그린다. 몸판 진동둘레의 곡선 부분에는 시접 폭의 절반 정도까지 가위집을 낸다.

2 소맷부리를 완성선 안쪽으로 접고, 끝에서 2mm 떨어진 곳을 바느질한다

3 몸판 겉면에 칼라를 겹쳐 두고 시침핀으로 고정한다

4 3을 바느질한 뒤, 목둘레의 곡선 부분에 가위집을 낸다

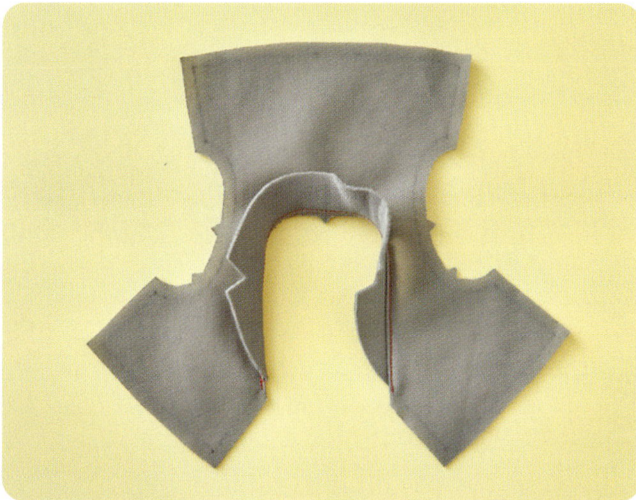

5 칼라를 세우고 몸판 쪽에 스티치를 넣는다

원단과 대비되는 색의 실로 스티치를 넣으면 포인트를 줄 수 있다.

6 원단이 상하지 않도록 칼라에 천을 대고 다리미로 누른다

서 있는 칼라를 다리미로 눌러 반듯하게 만든다.

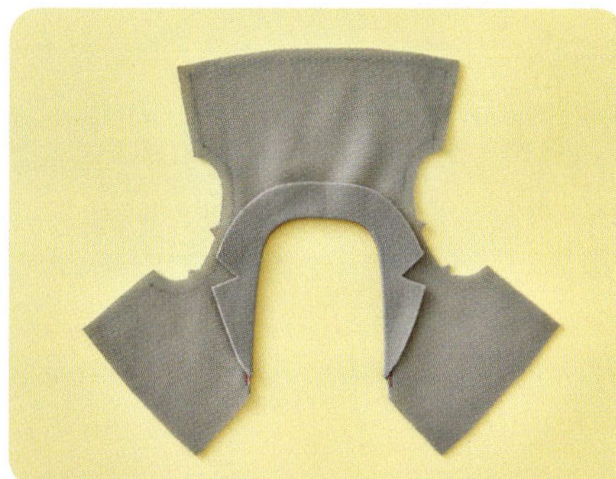

7 6을 마친 모습

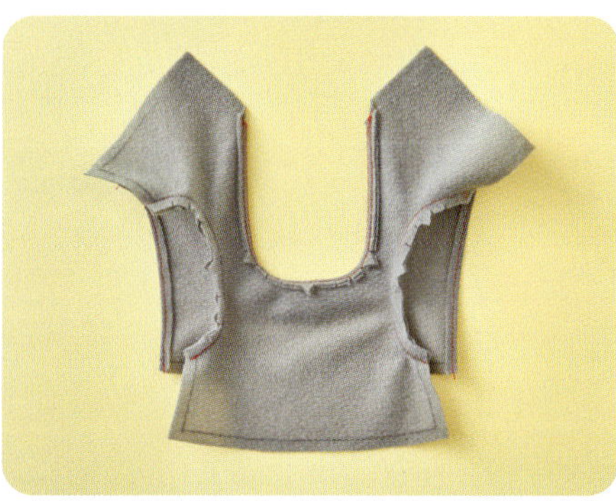

8 몸판과 2의 소매를 겉끼리 맞대고 바느질한다

몸판에 낸 가위집을 벌려 소매와 맞춘다. 소매의 좌우 모양이 다르므로 도안을 잘 확인하자.

9 8을 겉끼리 맞대고 소매와 몸판 옆선을 시침핀으로 고정한 뒤 바느질한다

시침핀을 고정하는 방법은 p.65 6을 참고하자. 바느질하기 전에 시접을 미리 가른다.

10 9를 펼친 뒤 밑단과 여밈 부분의 시접을 접어 바느질한다

앞몸판과 밑단은 사진과 같이 고정한다. 옆선 시접도 확실하게 가른다. 바느질하기 어려우면 다리미로 눌러도 된다.

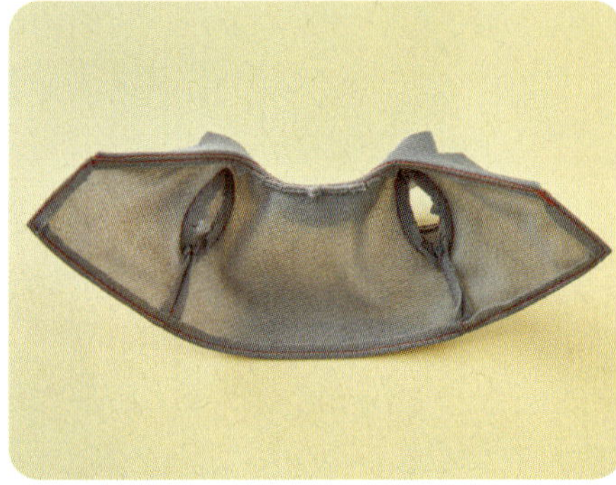

11 10을 바느질한 모습

12 원하는 단추를 달면 완성!

Column

페이크 칼라 셔츠 만들기

준비물

도안 : p.117~118 참고

- 원단: 나이렉스, 브로드클로스, 시팅 등(두 장을 붙인 원단)
- 재봉실
- 리본끈
- 장식 단추

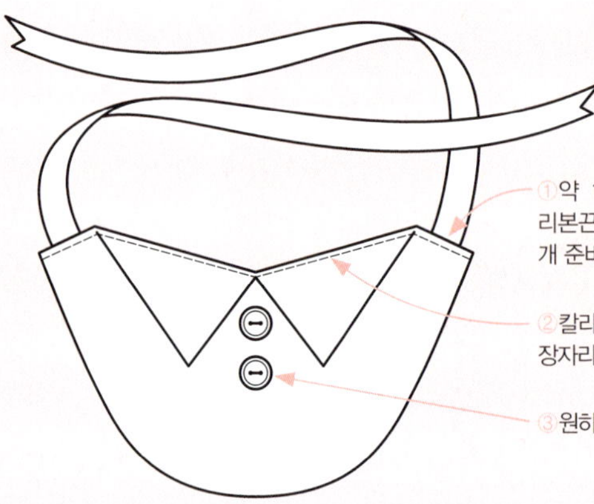

① 약 15cm 길이로 자른 리본끈(폭 3~5mm)을 두 개 준비한 뒤 양쪽에 단다.

② 칼라를 앞쪽으로 접고 가장자리에 스티치를 넣는다.

③ 원하는 장식 단추를 단다.

Hoodie

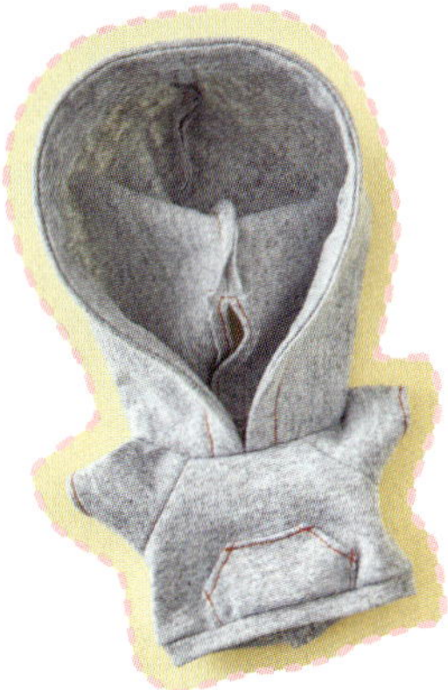

대형 인형
중형 인형
소형 인형

후드티

도안 : p.119~122 참고

※ 만드는 방법은 모든 사이즈 공통

준비물

- 대형 인형: 더블 저지 원단 20×70cm
- 중형 인형: 더블 저지 원단 20×65cm
- 소형 인형: 더블 저지 원단 15×42cm
- 재봉실

1 도안을 원단에 옮겨 그린 뒤 모든 부위의 원단을 자른다

완성선과 맞춤점 표시도 꼼꼼하게 옮겨 그린다.

2 소맷부리와 주머니 입구를 완성선 안쪽으로 접고 끝에서 2mm 떨어진 곳을 바느질한다

3 주머니 세 군데를 안쪽으로 접고 다리미로 누른다

4 앞몸판에 3을 단다

5 앞몸판과 소매, 뒷몸판을 사진과 같이 놓고 완성될 모습을 확인한다

도안을 보면서 맞춤점 기호의 위치를 확인하자.

6 5를 네 군데 바느질해 연결한 모습

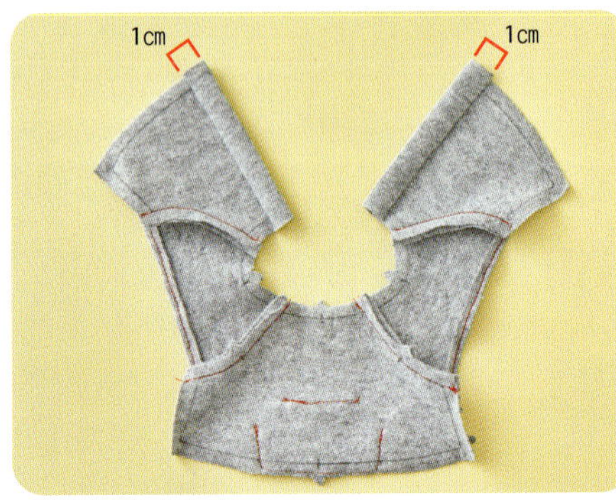

7 뒷몸판의 끝에서 1cm 떨어진 곳을 안쪽으로 접고 다리미로 눌러 접음선을 만든다

8 후드를 겉끼리 맞대고 윗부분을 바느질한다

9 후드 아랫부분의 시접을 가르고, 끝에서 2mm 떨어진 곳을 바느질한다

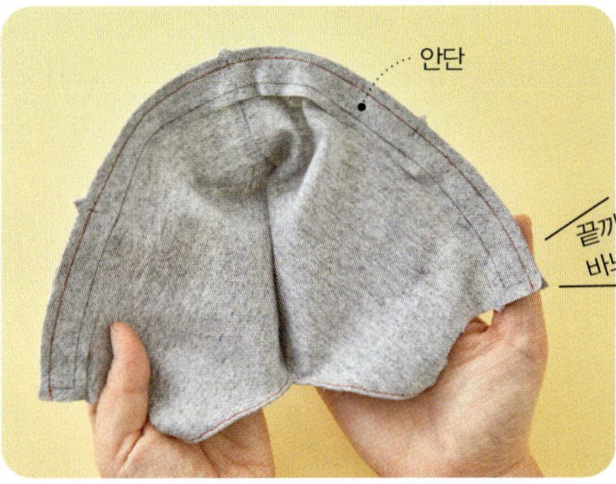

10 9를 펼친 뒤, 안단을 겉끼리 맞대고 바깥쪽의 완성선을 따라 끝까지 바느질한다

11 안단을 안쪽으로 접고 다리미로 누른 뒤, 끝에서 1cm 떨어진 곳을 바느질한다

12 7과 11을 나란히 놓고 완성될 모습을 확인한다

13 12를 바느질해 연결한 모습

후드 앞쪽의 끝이 딱 붙도록 바느질한다.

14 소맷부리와 옆선을 바느질한다

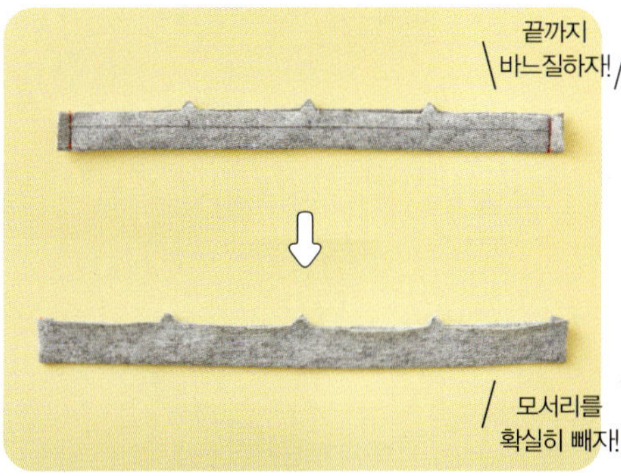

15 밑단 립을 반으로 접어 겉끼리 맞대고 양끝을 바느질한다

바느질한 뒤에는 겉으로 뒤집어 다리미로 누른다.

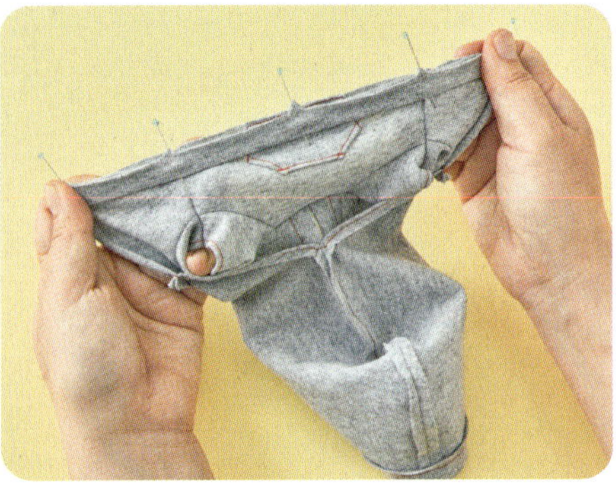

16 밑단에 15를 겉끼리 맞대고 시침핀으로 고정한다

17 16을 바느질한 모습

립은 밑단의 가로폭보다 짧으므로 원단을 늘리면서 바느질한다.

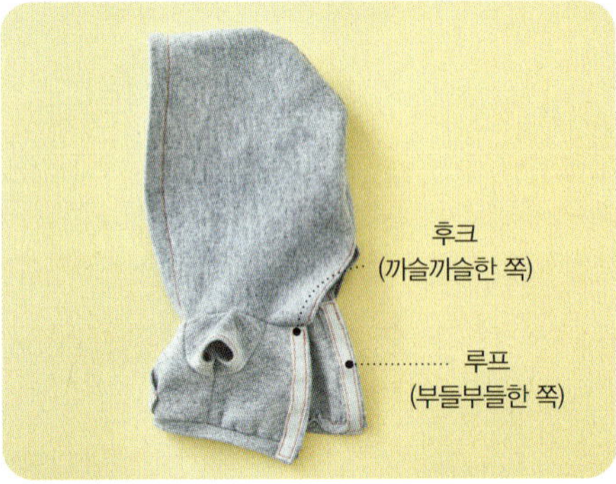

18 벨크로를 달면 완성!

벨크로 크기는 대형 : 0.8cm×6cm, 중형 : 0.8cm×5cm, 소형 : 0.5cm×3cm 가 기준이다. 후크와 루프가 바뀌지 않도록 주의한다.

앞치마 만드는 방법

준비물

도안 : p.114 참고

- 원단: 나이렉스(두 장을 붙인 원단)
- 재봉실
- 리본끈

약 30cm 길이로 자른 리본끈 (폭 3~5mm) 을 중앙에 맞춰 단다.

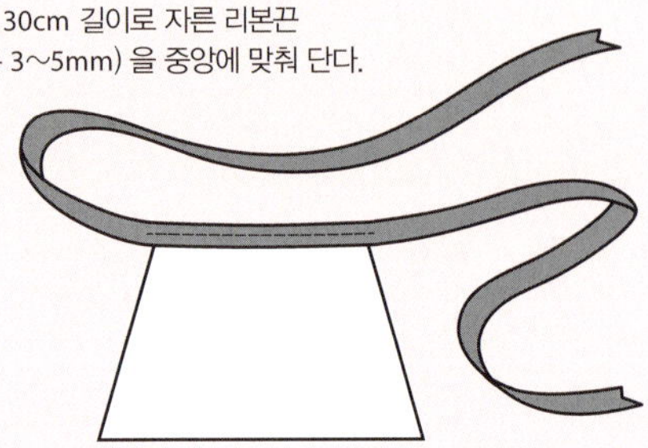

Column

카추샤 만드는 방법

준비물

- 원단: 나이렉스
- 재봉실
- 리본끈

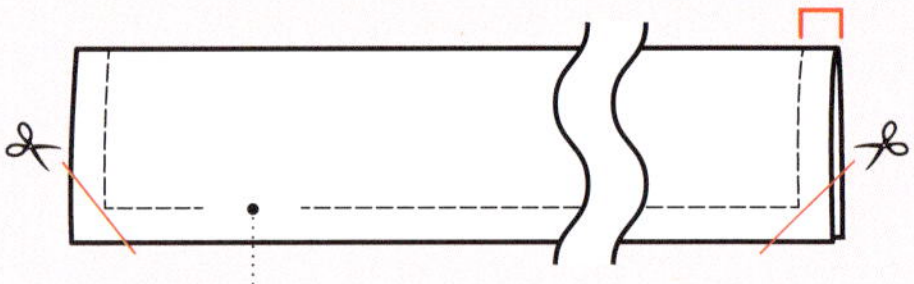

1 원단을 반으로 접어 겉끼리 맞대고 끝에서 5mm 떨어진 곳을 바느질한다. 시접의 모서리를 잘라내고 겉으로 뒤집는다.

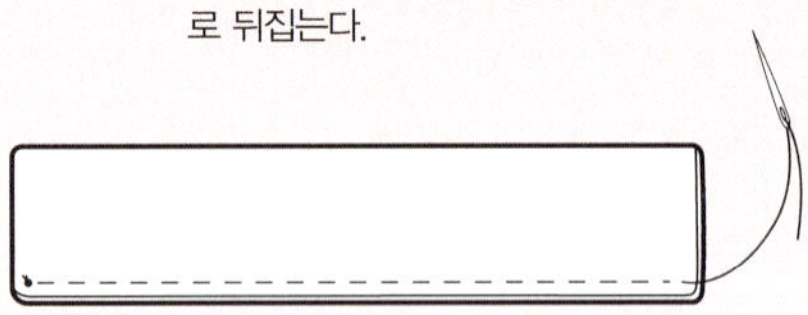

2 긴 시접 부분을 홈질한 뒤 매듭을 지으면 완성!

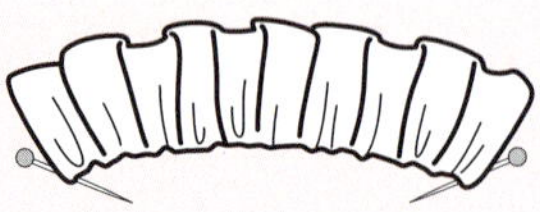

시침핀으로 인형 머리에 직접 고정한다. 카추샤를 계속 달아 두고 싶다면 실로 고정해도 좋다.

Big animal pajamas

대형 인형

동물 잠옷

준비물

도안 : p.123~125 참고

- 소프트보아 원단 20×110cm
- 나이렉스 원단 18×25cm
- 스냅 단추
- 재봉실

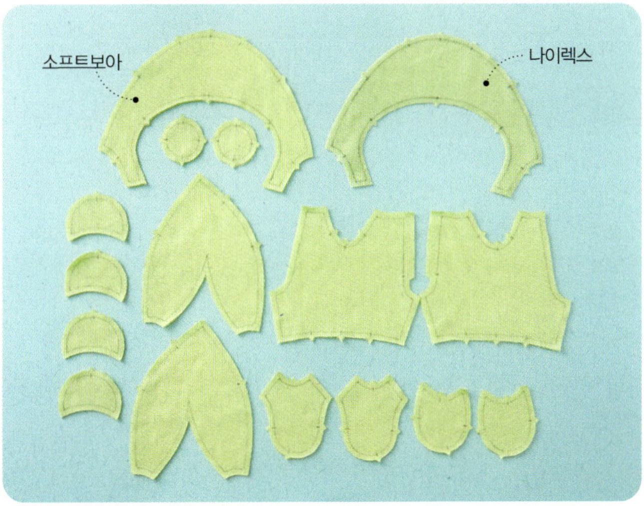

1 도안을 원단에 옮겨 그린 뒤 모든 부위의 원단을 자른다

완성선과 맞춤점 표시도 꼼꼼하게 옮겨 그린다. 후드(앞) 부위는 한 장은 소프트보아(겉감), 다른 한 장은 나이렉스(안감)를 사용한다.

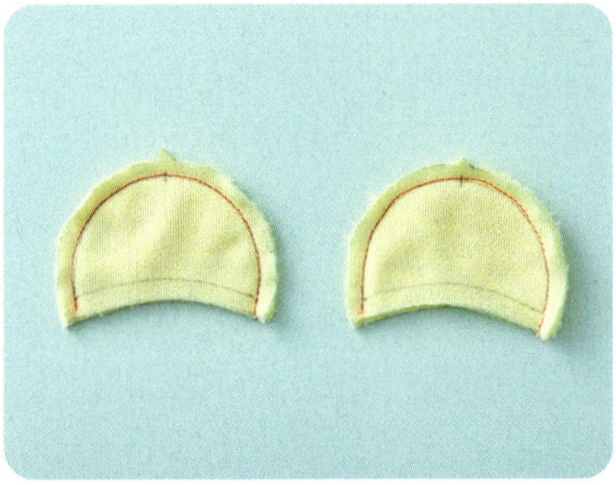

2 귀를 각각 겉끼리 맞대고 바느질한다

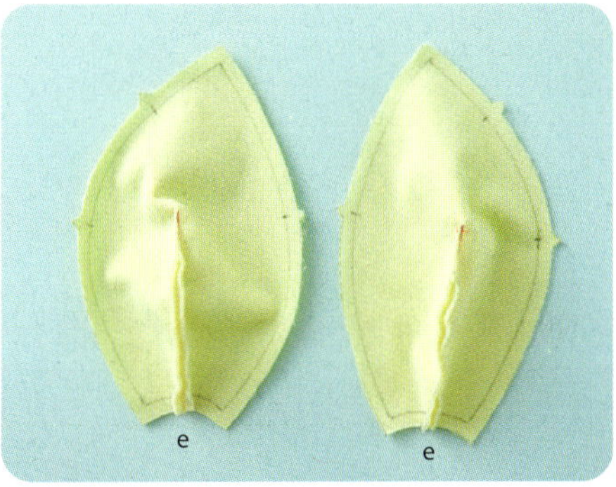

3 후드(뒤)의 다트를 바느질한다

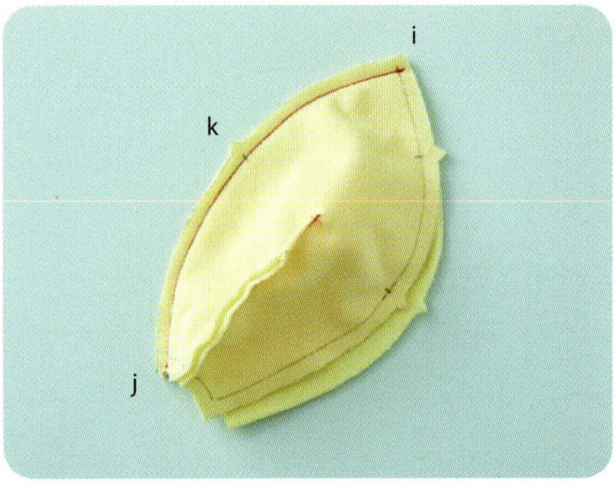

4 3을 겉끼리 맞대고 중심을 바느질한다

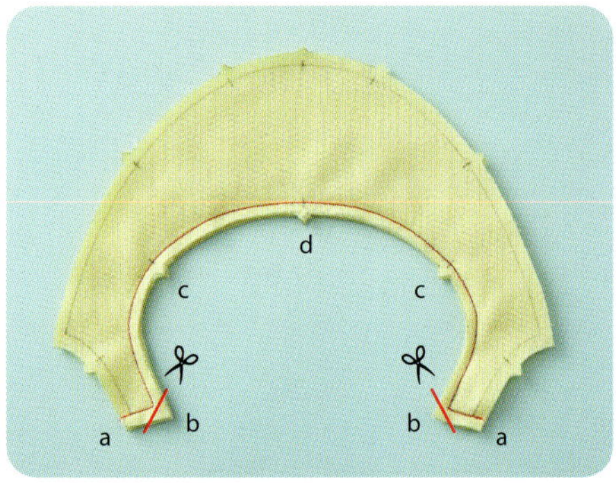

5 후드(앞)의 겉감과 안감을 겉끼리 맞대고, 여밈 부분과 얼굴둘레를 바느질한다

바느질한 뒤에는 시접의 모서리를 자르고 겉으로 뒤집는다.

6 5위에 겉으로 뒤집은 2의 귀를 놓고 완성될 모습을 확인한다

도안을 보면서 귀 위치를 확인하자.

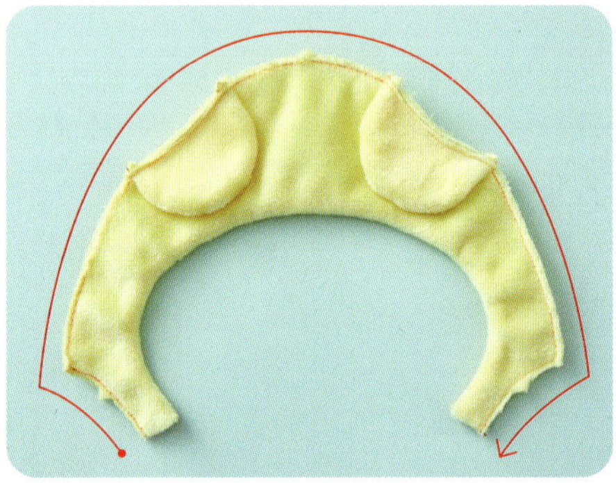

7 귀를 후드(앞)의 시접 부분에 바느질한다

완성선보다 2~3㎜ 바깥쪽으로 바느질한다. 귀 부분을 포함해 화살표 선을 따라 둥글게 바느질한다.

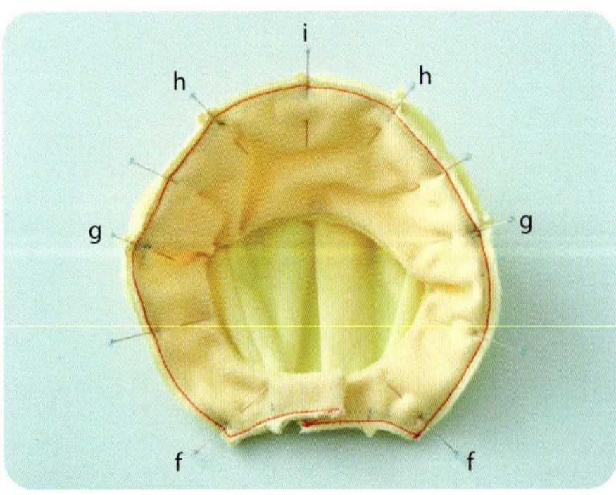

8 4와 7을 겉끼리 맞대고 시침핀으로 고정한다

귀는 안쪽으로 들어간 상태가 된다.

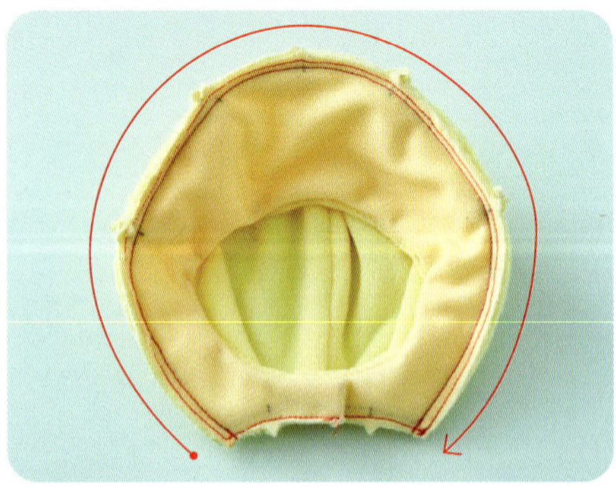

9 8을 완성선을 따라 바느질한다

7에서 바느질한 선보다 안쪽 선을 따라 바느질한다.

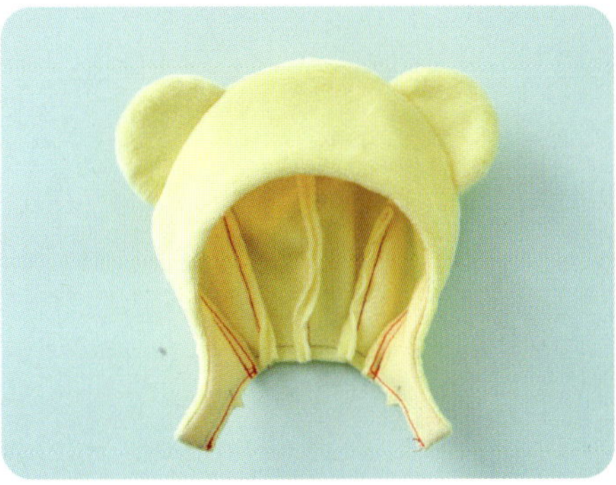

10 **9를 겉으로 뒤집으면 귀 달린 모자 완성!**

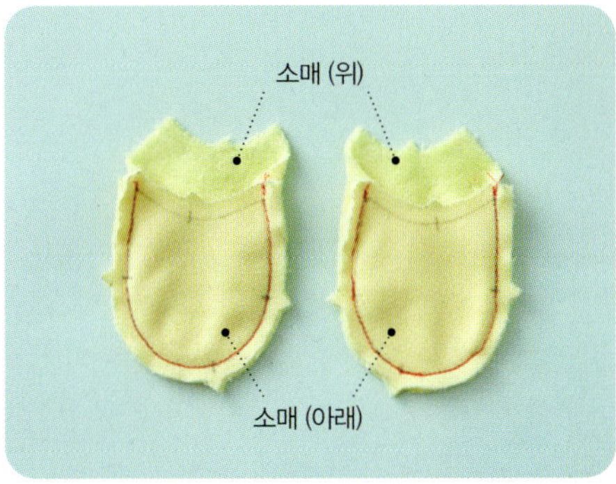

11 **소매를 겉끼리 맞대고 바느질한다**

상하 · 좌우를 틀리지 않도록 도안의 맞춤점 표시와 기호를 정확히 확인하자.

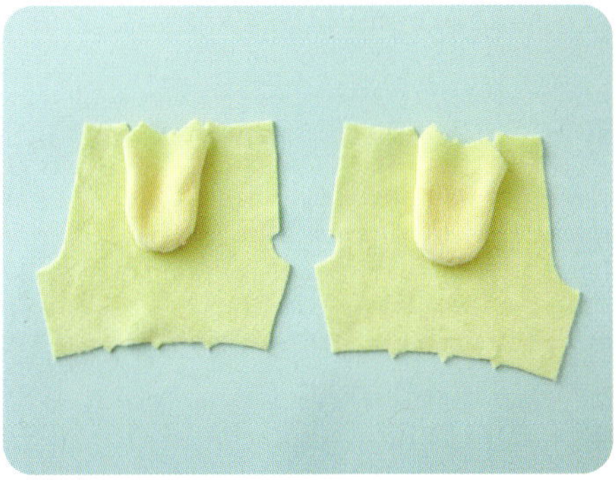

12 **몸판에 11을 놓고 완성될 모습을 확인한다**

소매의 좌우를 틀리지 않도록 맞춤점 표시와 기호를 정확히 확인하자.

13 **12를 바느질한 모습**

도안의 맞춤점 표시와 기호를 확인하며 바느질한다. 세밀한 곡선은 재봉틀을 사용하면 입체적으로 완성하기 어려울 수 있다. 이 부분만 손바느질해도 상관없다.

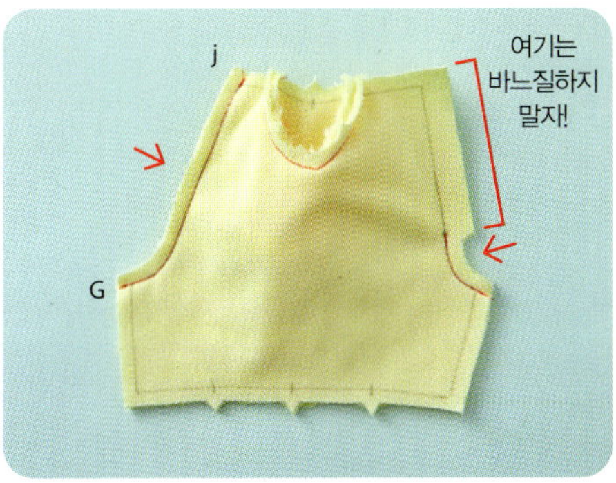

14 **13을 겉끼리 맞대고 밑위와 뒤 중심을 바느질한다**

도안에 표시된 밑위 바느질 끝점 위치를 잘 확인해 끝점까지만 바느질한다.

15 **여밈 부분을 안쪽으로 1cm 접고 시침핀으로 고정한다.**

밑위의 시접을 가른다.

16 15위에 10을 놓고 완성될 모습을 확인한다

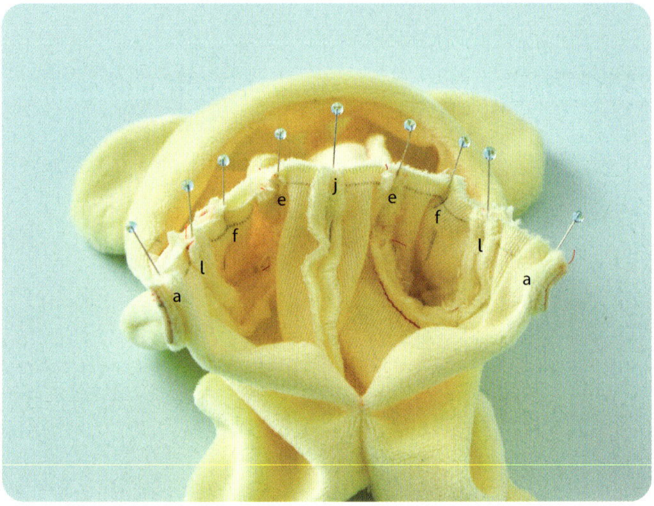

17 몸판과 후드를 겉끼리 맞대고 시침핀으로 고정한다

이때 도안의 맞춤점 표시와 기호를 잘 확인하자. 몸판과 후드의 시접도 모두 가른다.

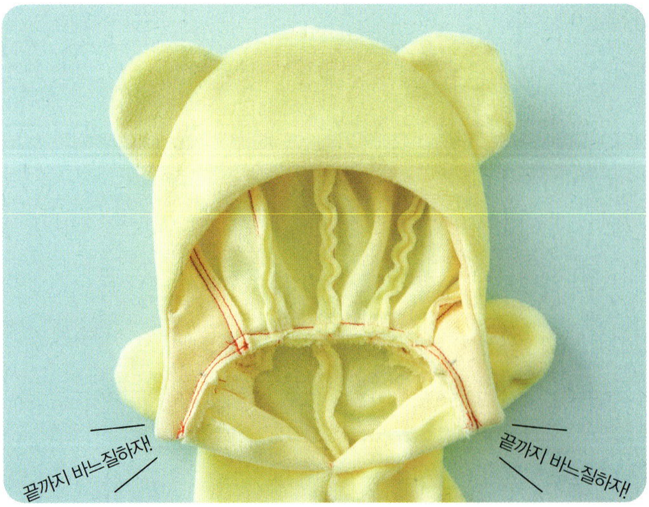

18 17을 바느질한 모습

19 밑아래를 바느질한다

시접은 앞뒤 모두 가른다.

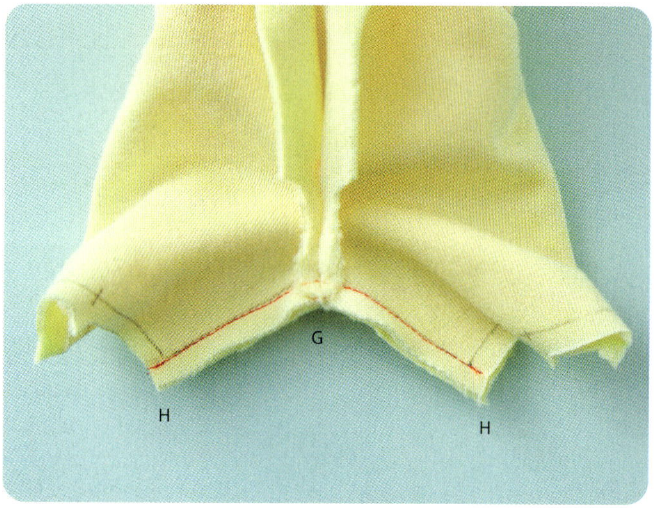

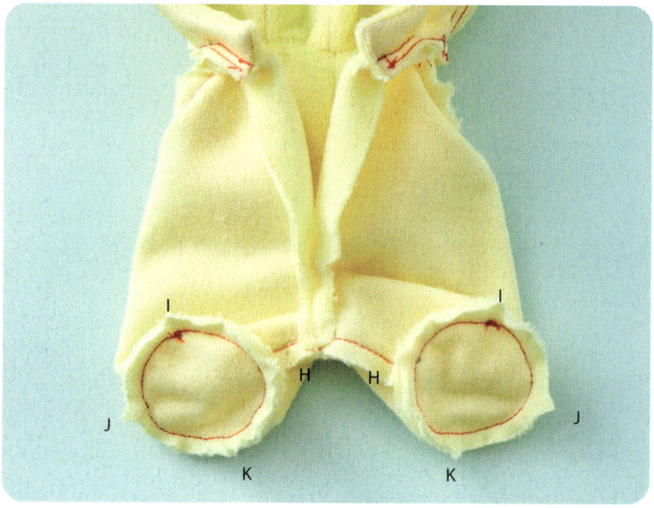

20 발바닥 부분을 바느질한다

p.47의 26을 참고하자.

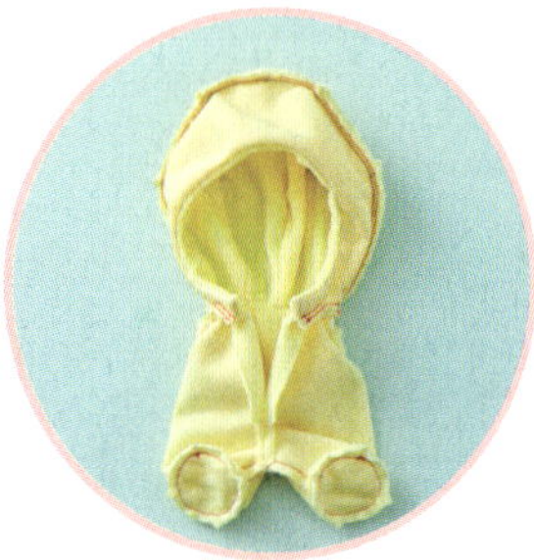

21 겉으로 뒤집은 뒤 송곳을 사용해 단추 구멍을 뚫는다

바느질로 다는 형태의 스냅 단추를 사용해도 된다.

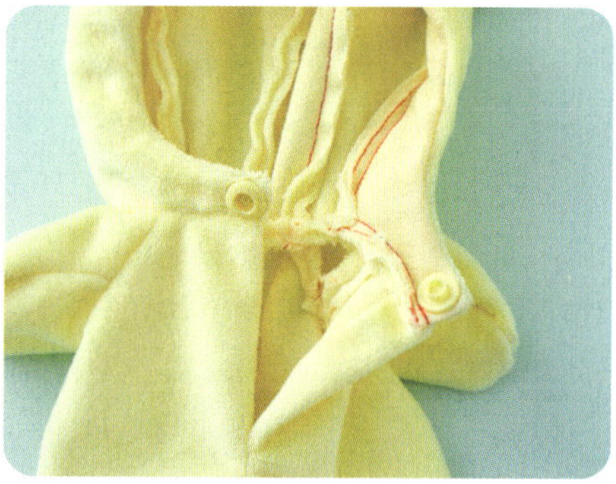

22 스냅 단추를 달아서 완성!

Big Shoes

대형 인형

신발

준비물

도안 : p.125 참고

- 합성 피혁 10×25cm
- 재봉실

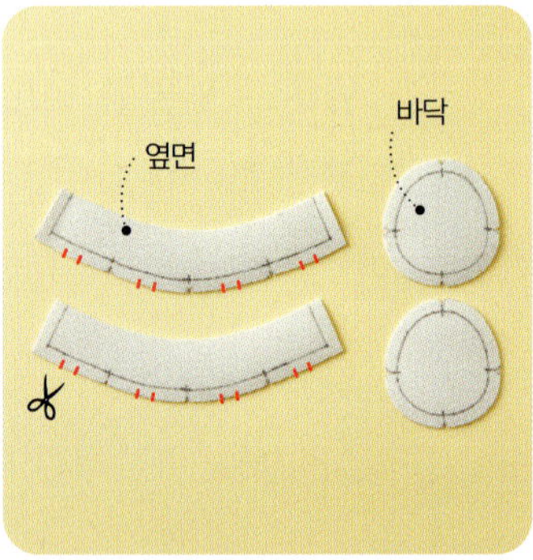

1 도안을 원단에 옮겨 그린 뒤 모든 부위의 원단을 자른다

옆면 시접에 가위집을 낸다.

2 옆면의 뒤 중심을 바느질한다

3 뒤 중심의 시접을 가르고 사진과 같이 바느질한다

뒤 중심에서 약 1~1.5mm 떨어진 곳을 바느질한다.

4 옆면과 바닥을 겉끼리 맞대고 둥글게 바느질한다

Point
재봉틀로 합성 피혁을 바느질할 때는 '테프론 노루발'을 끼우면 더욱 수월하다.

5 시접을 2mm 정도 남기고 주변을 잘라낸 뒤 겉으로 뒤집으면 완성!

중형 인형
소형 인형

티셔츠

준비물

도안 : p.114 참고

- 중형 인형 : 나이렉스 원단 15×15cm
- 소형 인형 : 나이렉스 원단 10×10cm
  ※ 부드러운 면을 겉면으로 사용
  ※ 브로드클로스나 시팅 등 원하는 원단 사용 가능
- 재봉실

1 도안을 원단에 옮겨 그린 뒤 모든 부위의 원단을 자른다

완성선과 맞춤점 표시도 꼼꼼하게 옮겨 그린다.

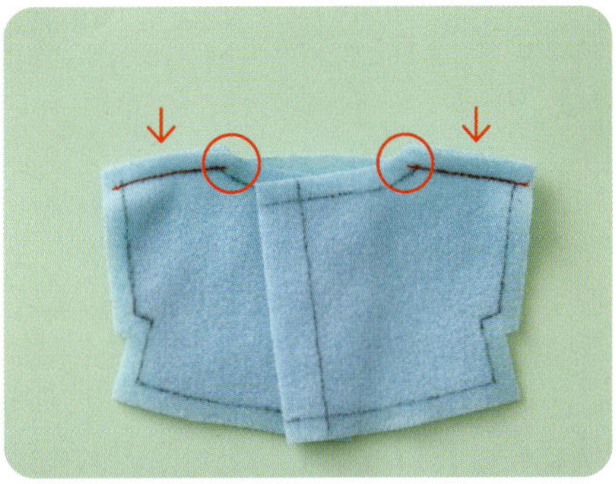

2 앞몸판과 뒷몸판을 겉끼리 맞대고 어깨선을 바느질한다

○부분은 끝까지 바느질하지 않는다.

3 목둘레에 가위집을 내고 끝에서 2mm 떨어진 곳을 바느질한다

어깨선 시접을 가르고 목둘레를 바느질한다. 겨드랑이 시접에 가위집을 낸다.

4 소매를 완성선 안쪽으로 접고 끝에서 2mm 떨어진 곳을 바느질한다

5 **4를 겉끼리 맞대고 소맷부리와 옆선을 바느질한다**

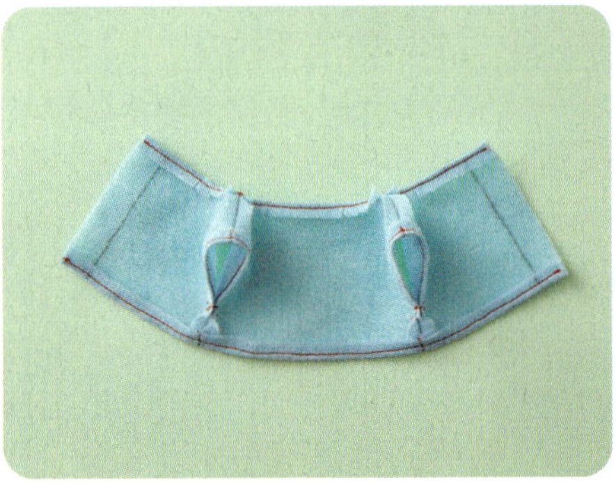

6 **5를 펼친 뒤 밑단을 완성선 안쪽으로 접고 바느질한다**

옆선 시접을 가르고 바느질한다.

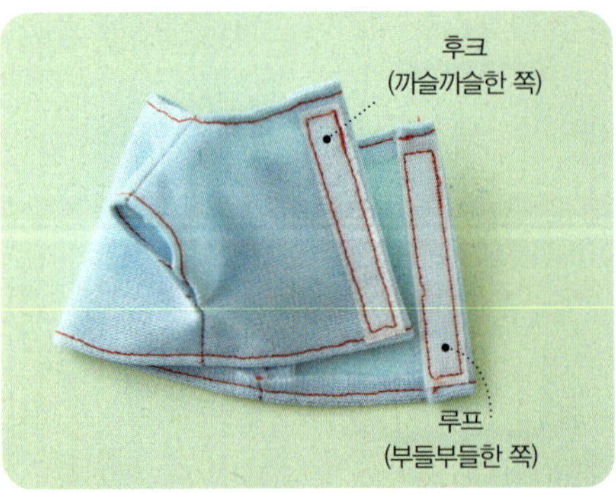

7 **뒷몸판의 여밈 부분을 안쪽으로 접고 벨크로를 달면 완성!**

벨크로 크기는 0.8cm×4.5cm 정도가 기준이다. 후크와 루프가 바뀌지 않도록 주의한다.

Column

샤워캡 만드는 방법

준비물

- **원단**: 브로드클로스, 시팅 등
  ※대형 · 중형 인형 …지름24cm×2
  소형 인형 …지름13cm×2
- **고무줄**
- **재봉실**

① 원형으로 자른 원단 두 장을 겉끼리 맞대어 창구멍을 2cm 정도 남기고 주변을 바느질한다(시접 5mm).

② 시접에 1cm 간격으로 가위집을 내고 겉으로 뒤집는다. 모양을 동그랗게 다듬어 다리미로 다린다.

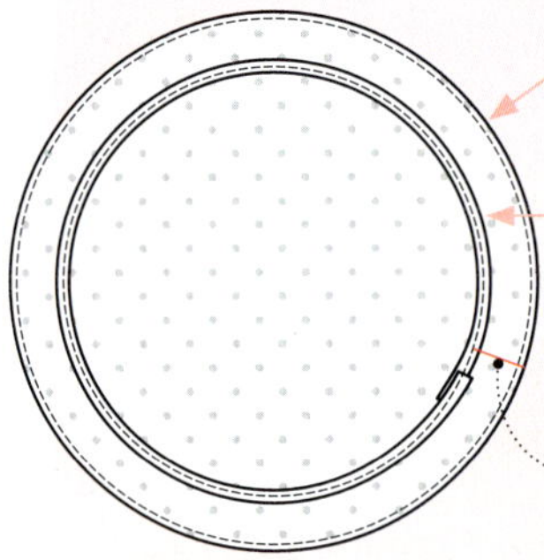

③ 끝에서 1.5mm 떨어진 곳에 스티치를 넣는다.

④ 고무줄을 늘리면서 바느질하면 완성이다. 고무줄은 원하는 만큼 늘리면 된다.

고무줄 바느질하는 위치
대형 · 중형은 끝에서 1cm,
소형은 끝에서 0.7cm

칼라티 만드는 방법

준비물

칼라 도안 : p.114 참고

- **원단**: 나이렉스(두 장을 붙인 원단)
- **재봉실**
- **리본**
- **단추**

① 줄무늬 시팅 원단으로 티셔츠를 만든다(p.81~82 참고).

② 목둘레에 접착제로 칼라를 붙인다.

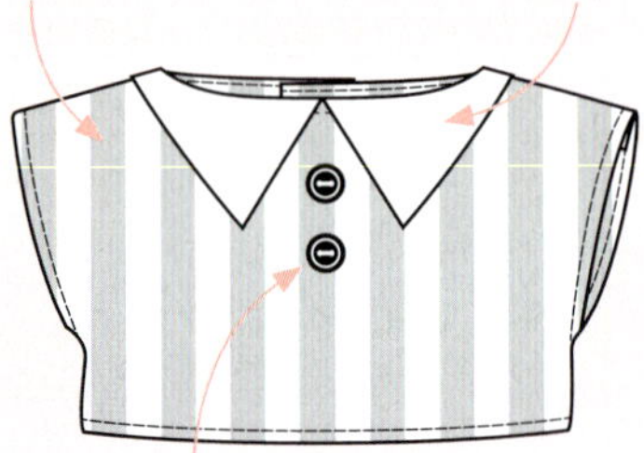

③ 장식 단추를 단다.

Small&Medium
Pants

중형 인형
소형 인형

팬츠

준비물

도안 : p.115 참고

- 중형 인형: **나이렉스 원단** 8×20cm
- 소형 인형: **나이렉스 원단** 5×13cm
  - ※ 부드러운 면을 겉면으로 사용
  - ※ 데님이나 트윌, 브로드클로스 등 원하는 원단 사용 가능
- **재봉실**

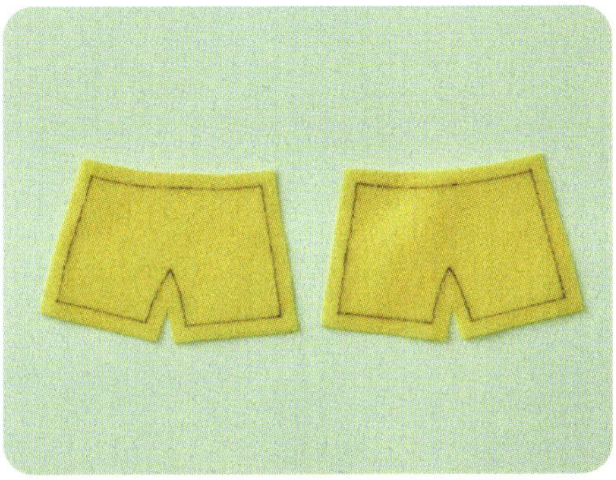

1 도안을 원단에 옮겨 그린 뒤 모든 부위의 원단을 자른다

완성선도 꼼꼼하게 옮겨 그린다.

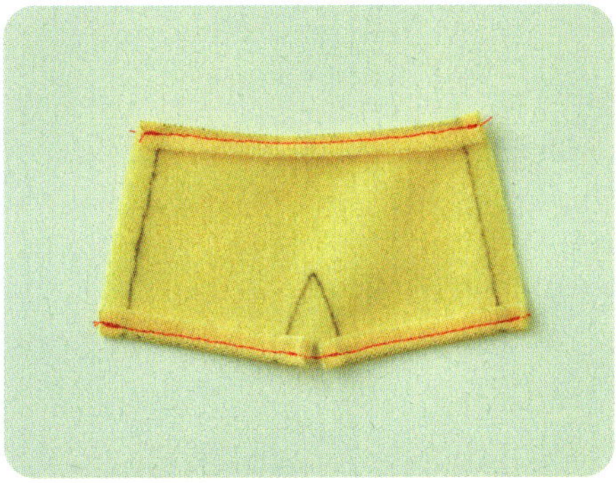

2 밑단과 허리를 완성선 안쪽으로 접고 끝에서 2mm 떨어진 곳을 바느질한다

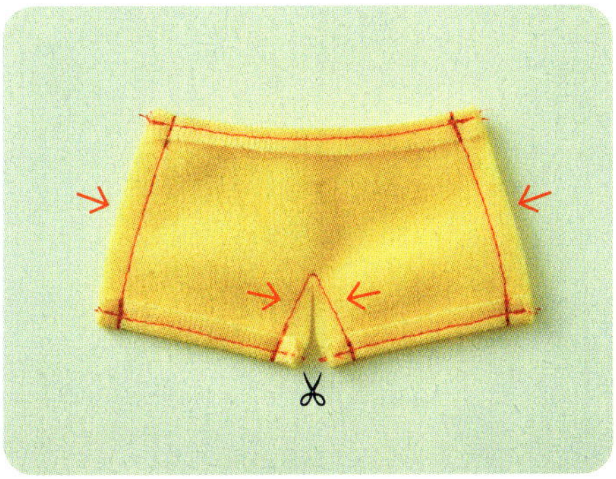

3 2를 겉끼리 맞대고 옆선과 밑아래를 바느질한 뒤, 밑아래에 가위집을 내고 겉으로 뒤집으면 완성!

나이렉스 이외의 원단으로도 꼭 만들어 보자!

Small&Medium Tights

중형 인형
소형 인형

타이츠

준비물

도안 : p.114 참고

- 중형 인형: 싱글 저지 등의 얇은 니트 원단 10×18cm
- 소형 인형: 싱글 저지 등의 얇은 니트 원단 6×13cm
- 재봉실

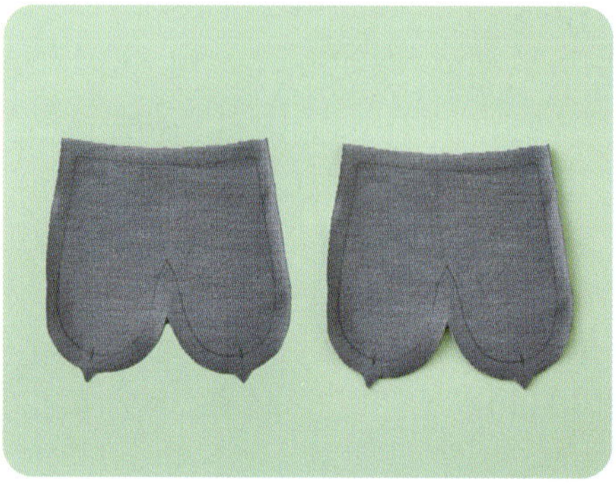

1 도안을 원단에 옮겨 그린 뒤 모든 부위의 원단을 자른다

완성선과 맞춤점 표시도 꼼꼼하게 옮겨 그린다.

2 허리를 완성선 안쪽으로 접고 중형은 끝에서 2mm, 소형은 끝에서 1.5mm 떨어진 곳을 바느질한다

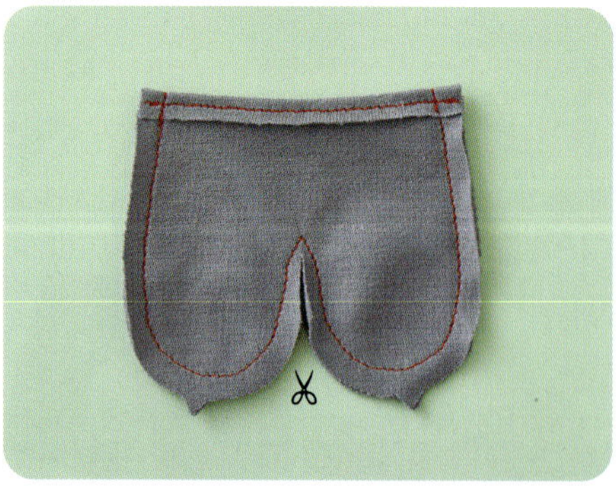

3 2를 겉끼리 맞대고 허리부터 밑아래까지 둥글게 바느질한 뒤 밑아래에 가위집을 내고 겉으로 뒤집으면 완성!

Column

신발(중형·소형) 만드는 방법

준비물

도안 : p.114 참고

- 합성 피혁
- 재봉실

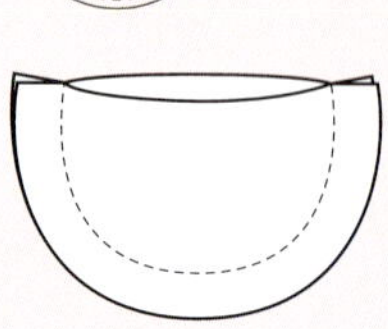

1 겉끼리 맞대고 완성선을 따라 끝까지 바느질한다.

2 시접을 1.5mm 정도 남기고 잘라낸다. 겉으로 뒤집어 모양을 다듬으면 완성!

중형 인형
소형 인형

재킷

도안 : p.118 참고

준비물

- **중형 인형: 나이렉스 원단** 15×24cm
- **소형 인형: 나이렉스 원단** 10×15cm
  - ※ 부드러운 면을 겉면으로 사용
  - ※ 브로드클로스나 시팅 등 원하는 원단 사용 가능
- **단추**
- **재봉실**

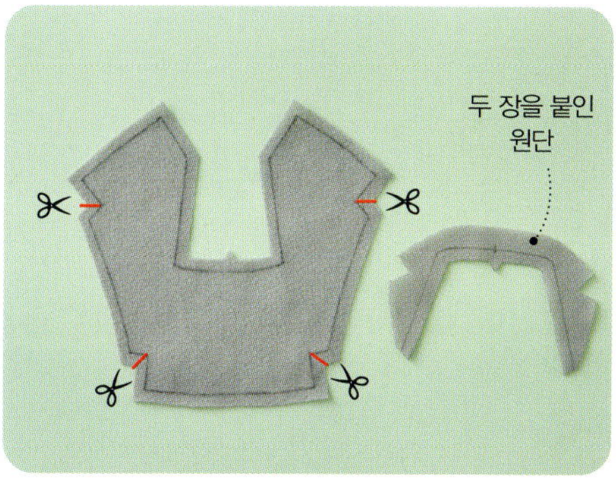

1 도안을 원단에 옮겨 그린 뒤 모든 부위의 원단을 자른다

완성선과 맞춤점 표시도 꼼꼼하게 옮겨 그린다. 겨드랑이 시접에 가위집을 낸다.

2 소매를 완성선 안쪽으로 접고 끝에서 2mm 떨어진 곳을 바느질한다

3 몸판 겉면에 칼라를 겹쳐 두고 완성선을 따라 바느질한다

바느질한 뒤에는 목둘레선의 모서리 시접에 가위집을 낸다.

4 재킷(대형)과 같은 방법으로 마무리한 뒤 원하는 단추를 달면 완성!

p.69 5~7과 같은 방법으로 칼라를 마무리하고, p.82 5~6과 같은 방법으로 옆선과 밑단을 바느질한다.

Small& Medium
animal pajamas

중형 인형
소형 인형

동물 잠옷

준비물

도안 : p.126~127 참고

- 중형 인형:
  소프트보아 원단 20×85cm
  나이렉스 원단 18×25cm
- 소형 인형:
  소프트보아 원단 20×40cm
  나이렉스 원단 11×16cm
- 스냅 단추, 걸고리 등
- 재봉실

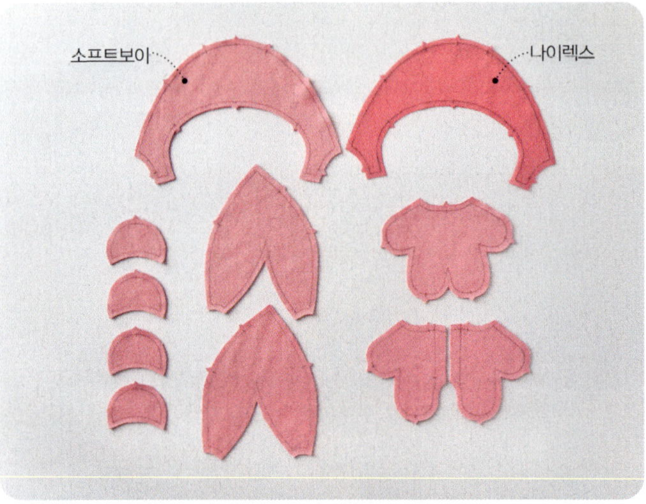

1 도안을 원단에 옮겨 그린 뒤 모든 부위의 원단을 자른다

완성선과 맞춤점 표시도 꼼꼼하게 옮겨 그린다. 후드(앞) 부위는 한 장은 소프트보아(겉감), 다른 한 장은 나이렉스(안감)를 사용한다.

※후드는 동물 잠옷(대형)의 2~10과 같은 순서로 만든다(p.75~77 참고).

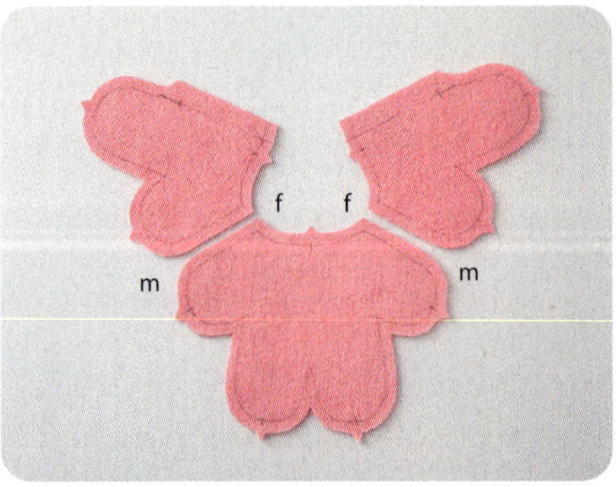

2 앞몸판과 뒷몸판을 사진과 같이 펼쳐 두고 완성될 모습을 확인한다

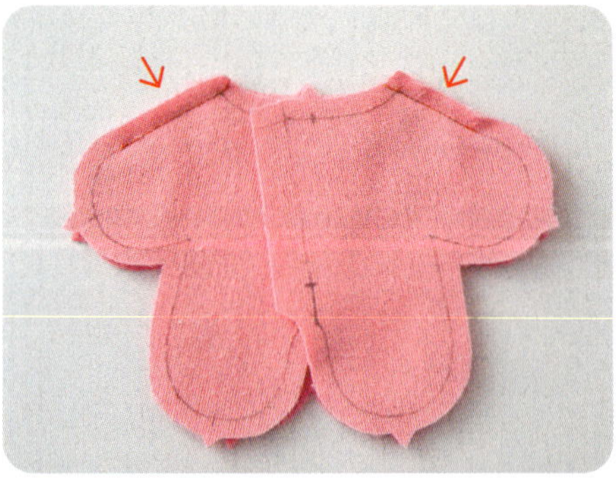

3 앞몸판과 뒷몸판을 겉끼리 맞대고 어깨선을 바느질한다

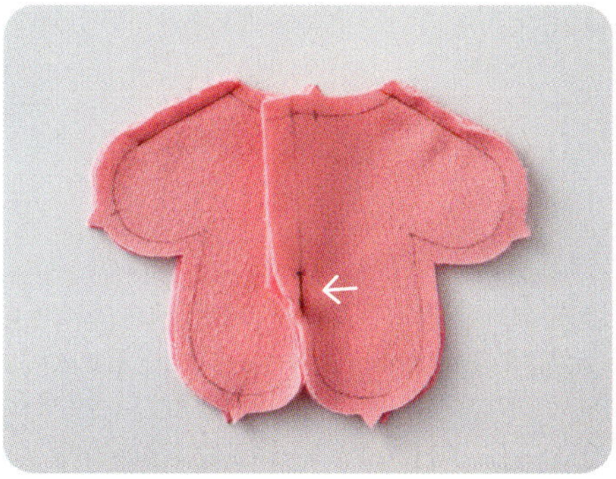

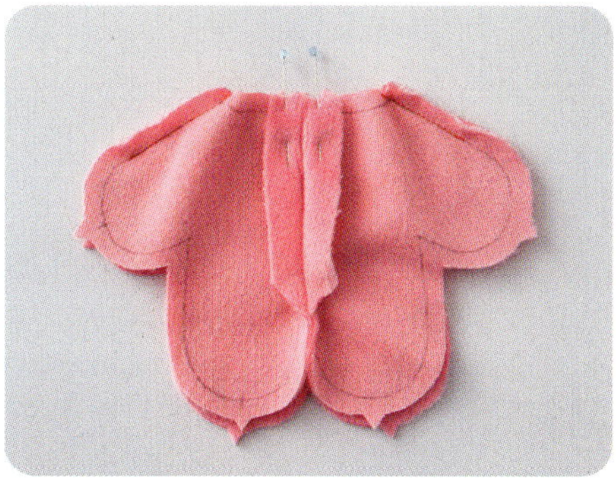

4 밑위를 바느질 끝점까지 바느질한다

도안을 보면서 밑위 바느질 끝점 위치를 잘 확인하자.

5 여밈 부분을 완성선 안쪽으로 접고 시침핀으로 고정한다

밑위 시접도 가른다.

6 5위에 후드를 놓고 완성될 모습을 확인한다

7 몸판과 후드를 겉끼리 맞대고 시침핀으로 고정한다

이때 도안의 맞춤점 표시와 기호를 잘 확인하자. 몸판과 후드의 시접도 모두 가른다.

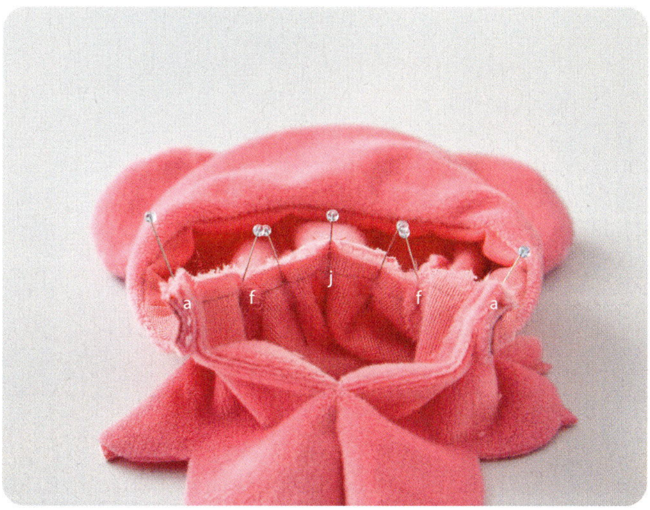

8 7을 바느질한 모습

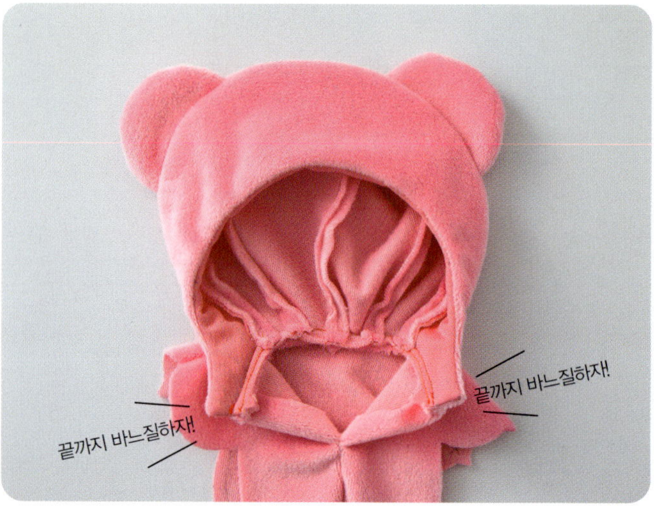

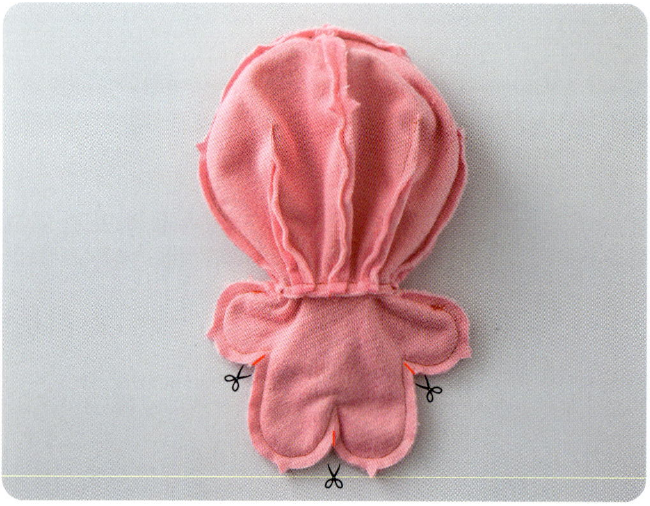

9 안으로 뒤집어 몸을 둥글게 바느질한다

바느질한 뒤 겨드랑이와 밑아래 시접에 가위집을 낸다.

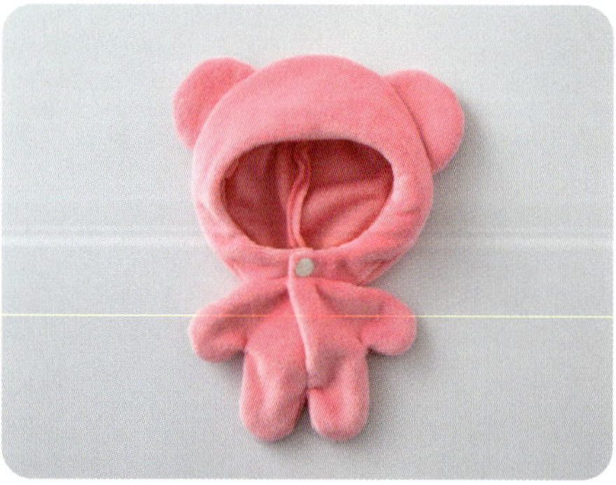

10 겉으로 뒤집어 단추를 달아 주면 완성!

PATTERN

도안

인형 도안은 p.90부터, 옷 도안은 p.113부터 실었다.
특별한 지시 사항이 없는 도안은 100%(원본 크기) 배율로 복사해 사용하자.

도안 보는 방법

★맞춤점 기호
같은 알파벳끼리 맞춘다.

★맞춤점 표시
짧은 직선 표시와 삼각형 부분을 가리킨다. 여러 부위를 맞출 때 기준점이 된다.

★끝점
끝점도 원단에 옮겨 그린 뒤 끝점까지 확실히 바느질한다. 바느질한 뒤 시접에 가위집을 낼 때는 끝점의 약 1mm 전까지를 기준으로 한다.

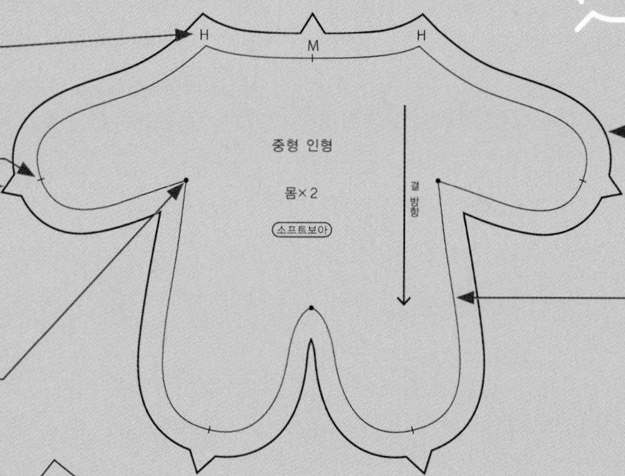

★재단선
이 선을 따라 도안을 자른다. 재단선과 완성선 사이가 시접이다.

★완성선
바느질하는 선. 완성된 크기를 나타내는 선이다.

골선이 있는 도안

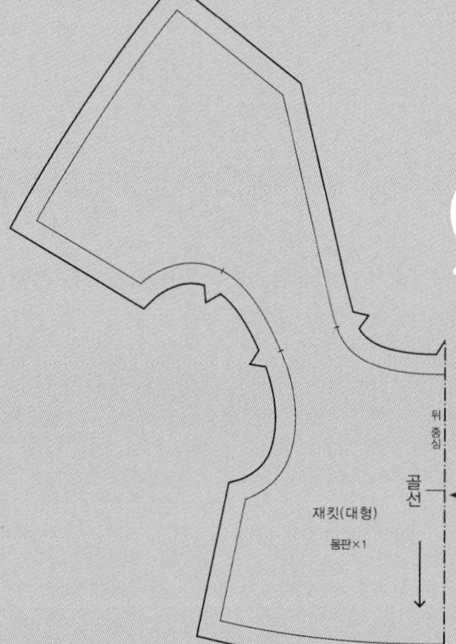

골선은 좌우대칭인 도안의 오른쪽 · 왼쪽 절반을 표시한 선이다. 우선 도안을 그대로 잘라 원단에 옮겨 그린다. 그후 도안을 반대쪽으로 뒤집어 골선 위치를 맞춘 다음 나머지 절반을 옮겨 그리면 된다.

점선의 종류

- - - - - - - -
부위가 겹치는 위치
(헤어 · 얼굴 도안)
접음선
(옷 도안)

—·—·—·—
골선

··—··—··—··
스티치선

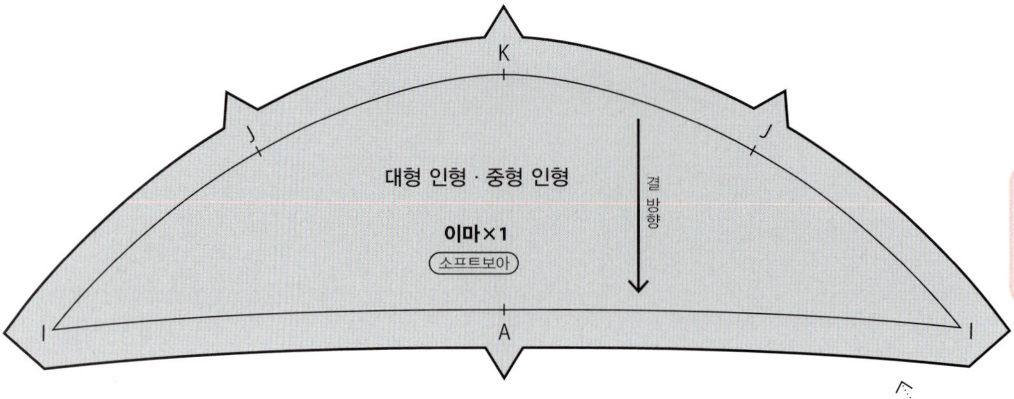

※ 빡빡머리 · 스킨헤드의 얼굴과 이마는 p.111~112의 도안 사용

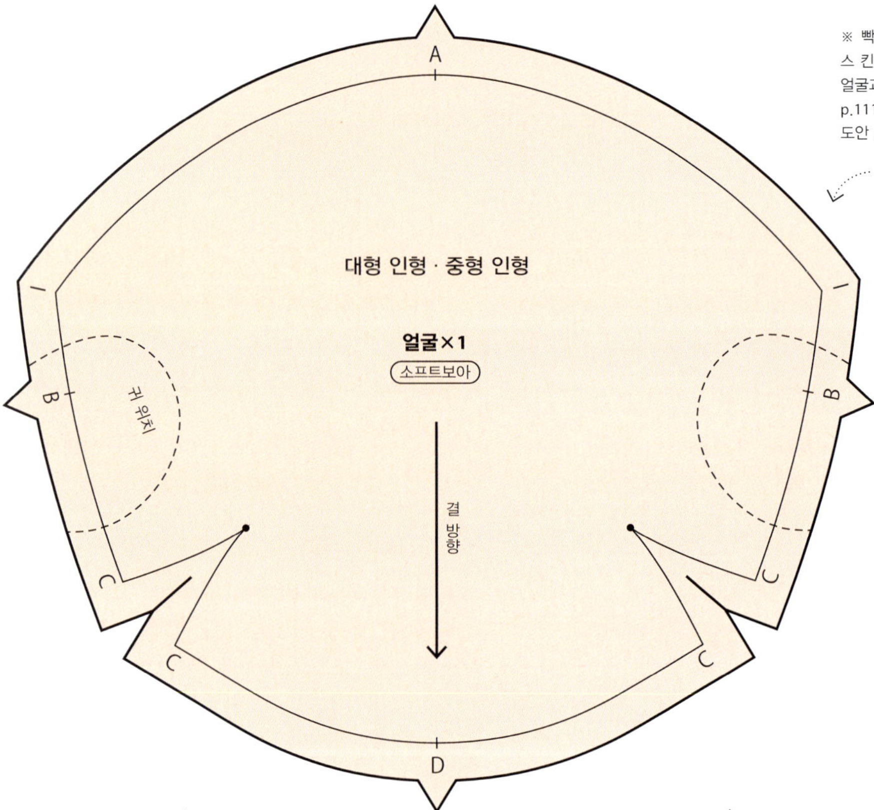

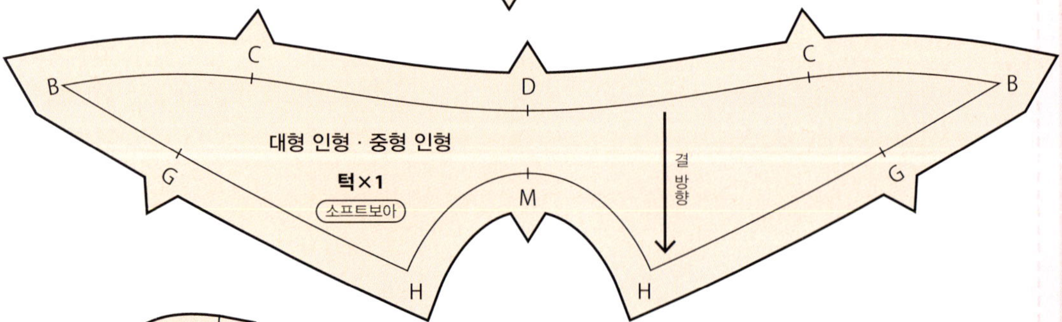

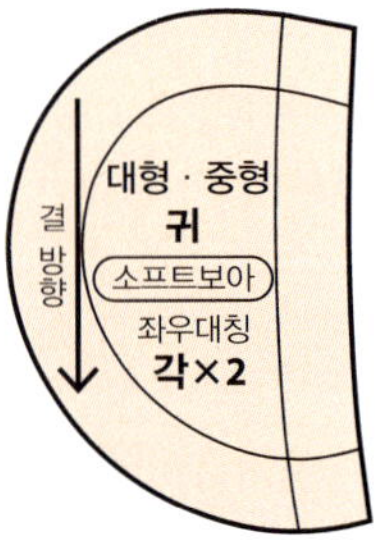

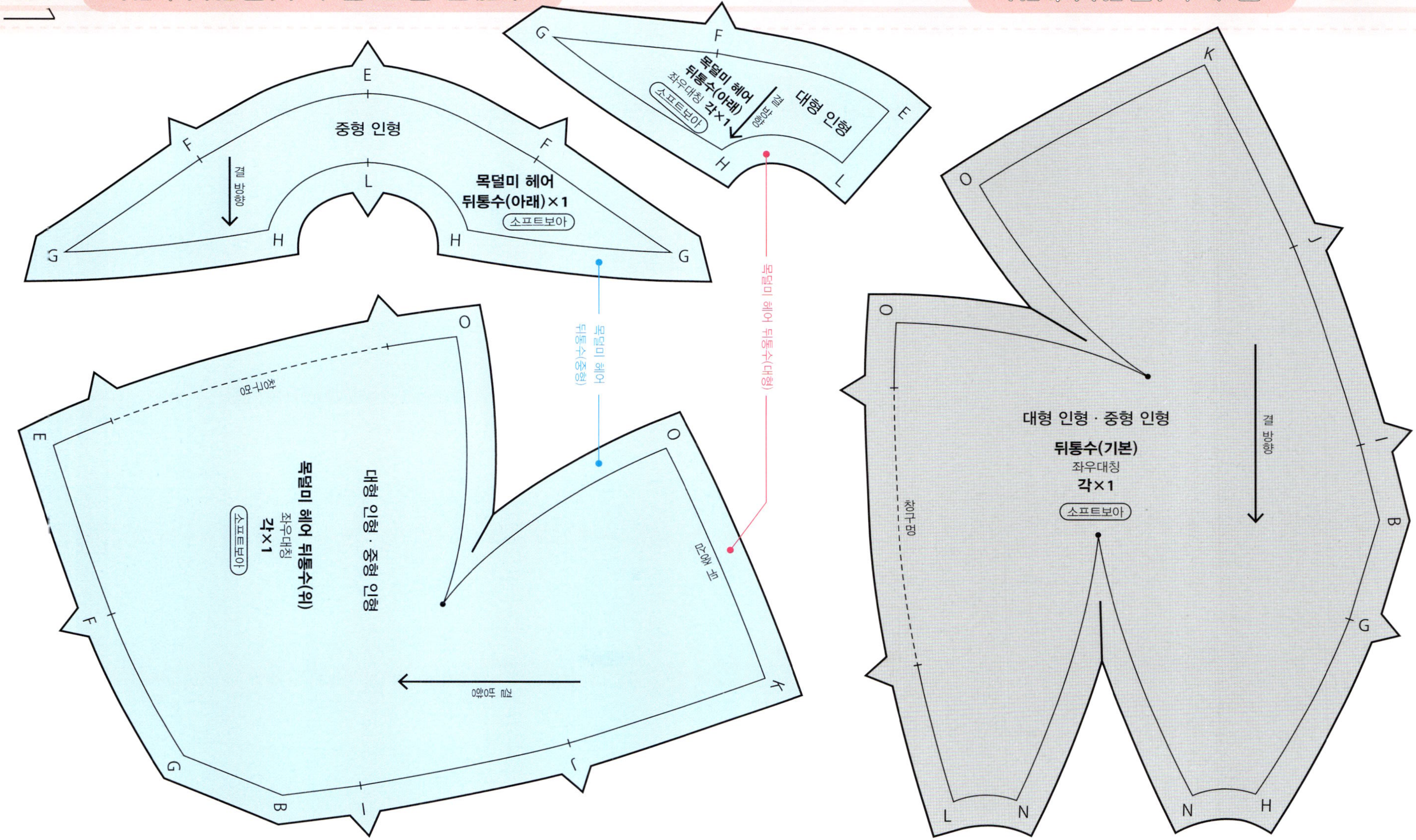
중형 인형
목덜미 헤어
뒤통수(아래)×1
소프트보아
결 방향
대형 인형
목덜미 헤어
뒤통수(아래)
좌우대칭
각×1
소프트보아
결 방향
목덜미 헤어
뒤통수(중형)
목덜미 헤어 뒤통수(대형)
대형 인형 · 중형 인형
목덜미 헤어 뒤통수(위)
좌우대칭
각×1
소프트보아
창구멍
결 방향
대형
중형
대형 인형 · 중형 인형
뒤통수(기본)
좌우대칭
각×1
소프트보아
결 방향
창구멍

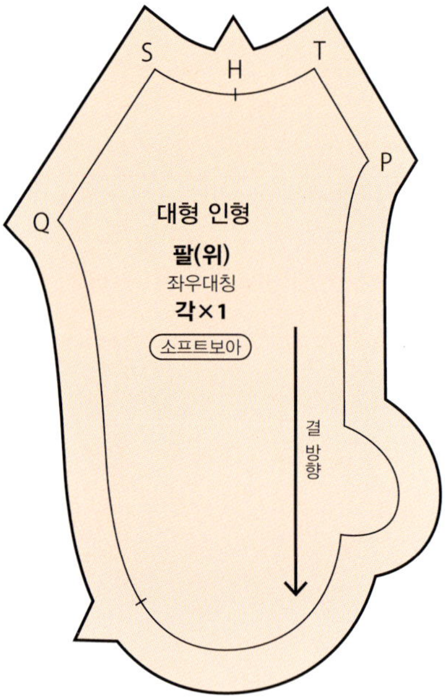
S
H
T
P
Q
대형 인형
팔(위)
좌우대칭
각×1
소프트보아
결 방향

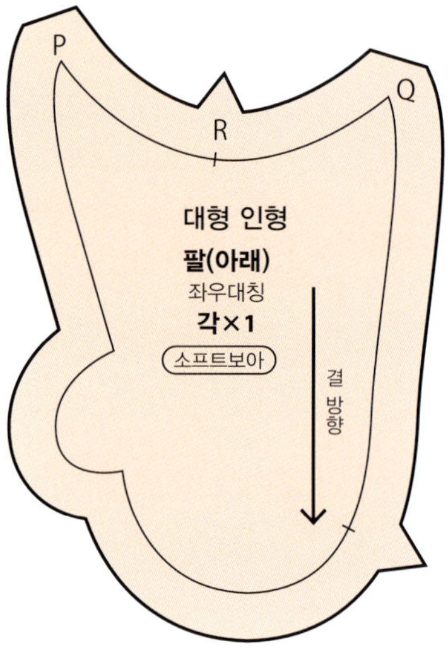
P
R
Q
대형 인형
팔(아래)
좌우대칭
각×1
소프트보아
결 방향

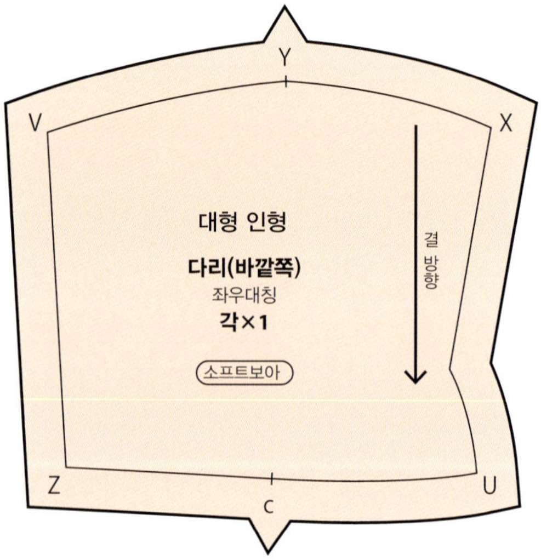
Y
V
X
대형 인형
다리(바깥쪽)
좌우대칭
각×1
소프트보아
결 방향
Z
c
U

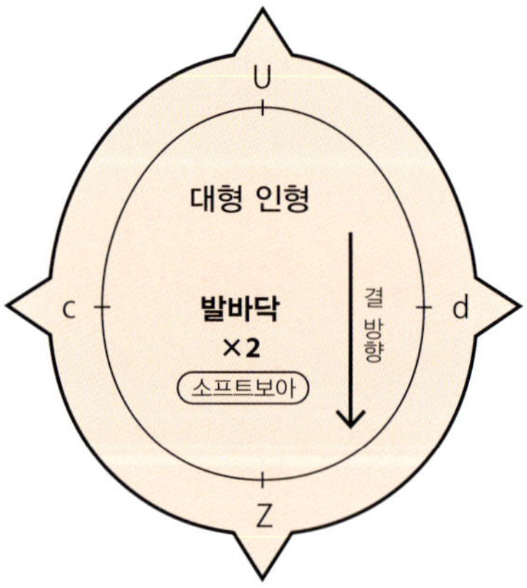
U
대형 인형
c
발바닥
×2
소프트보아
결 방향
d
Z

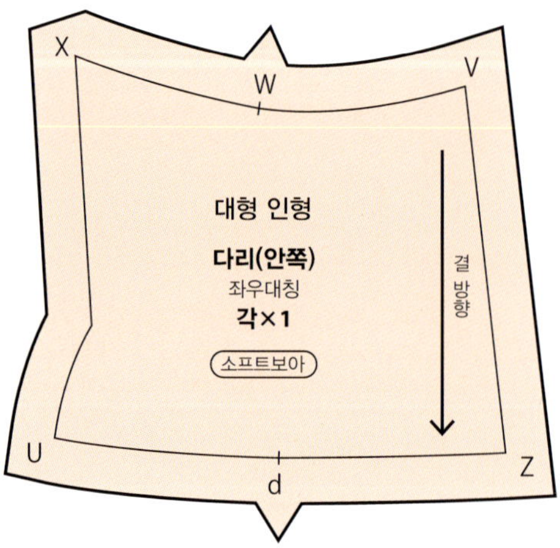
X
W
V
대형 인형
다리(안쪽)
좌우대칭
각×1
소프트보아
결 방향
U
d
Z

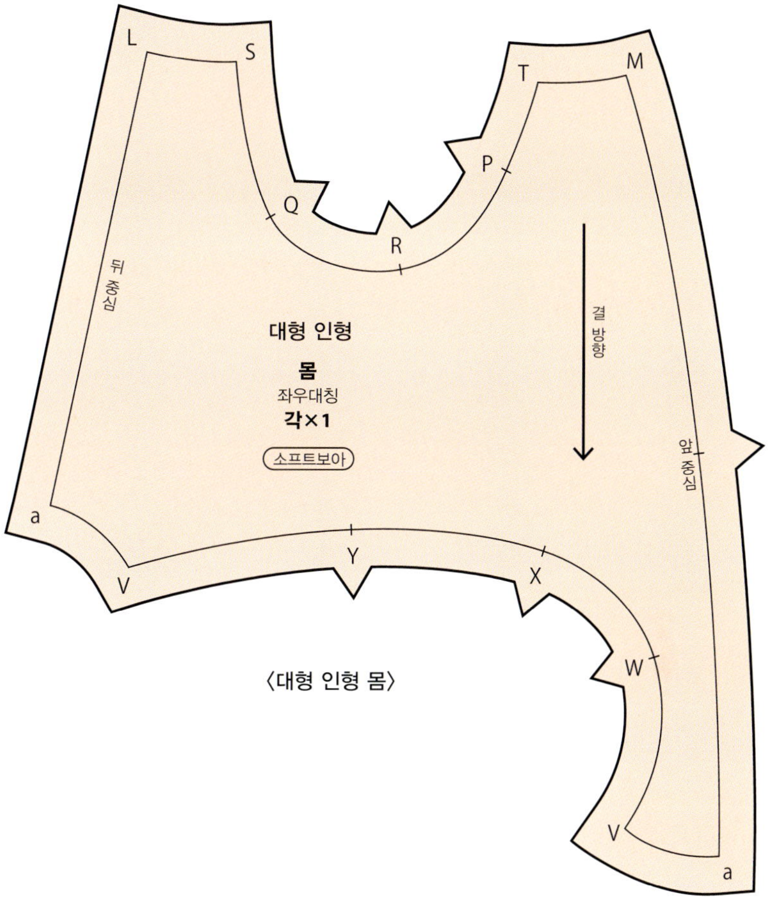
L
S
T
M
P
Q
R
뒤 중심
대형 인형
몸
좌우대칭
각×1
소프트보아
결 방향
앞 중심
a
Y
X
V
W
V
a

〈대형 인형 몸〉

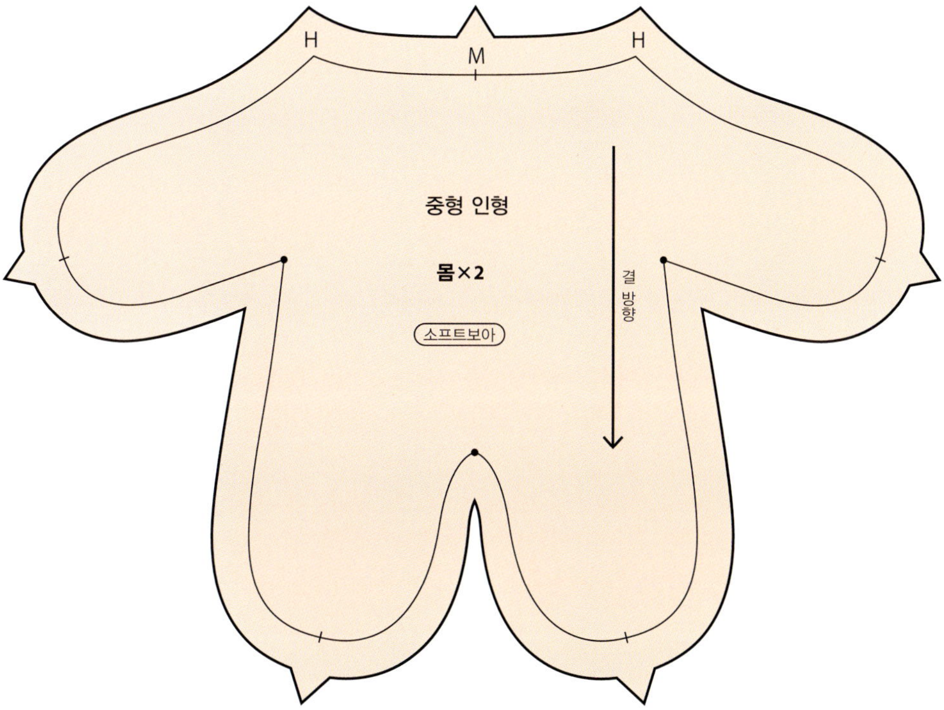
H
M
H
중형 인형
몸×2
소프트보아
결 방향

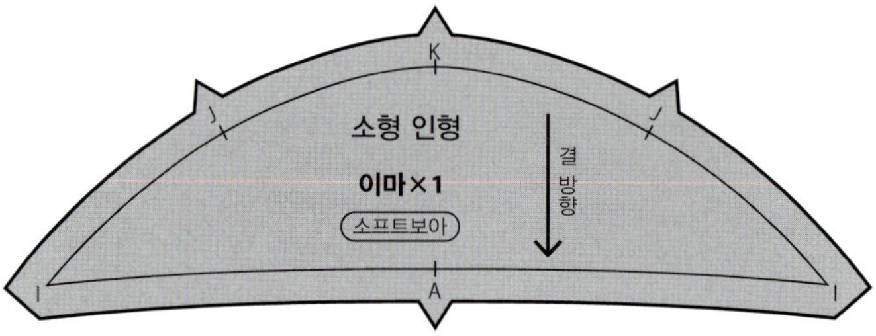

※ 빡빡머리 · 스킨헤드의
얼굴과 이마는
p.111~112의 도안 사용

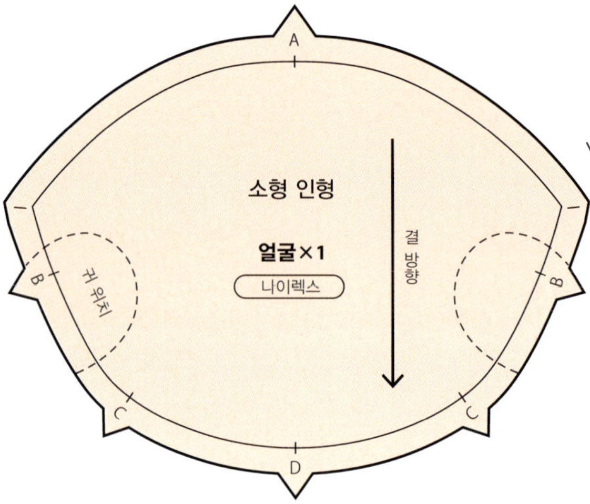

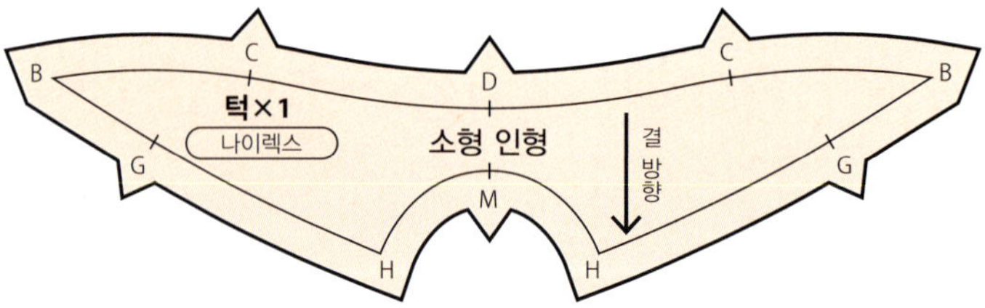

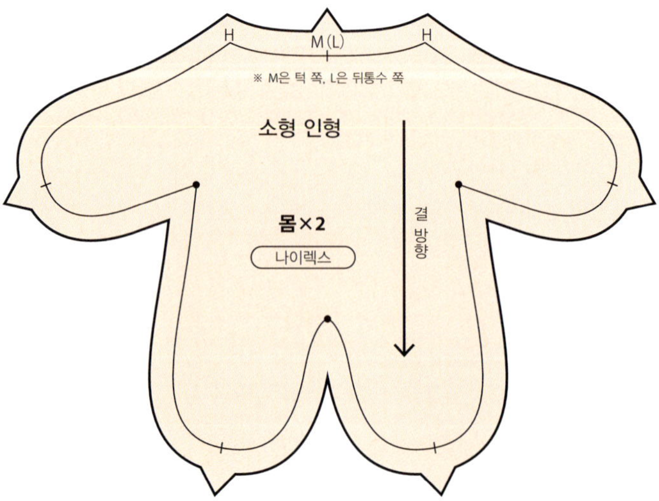

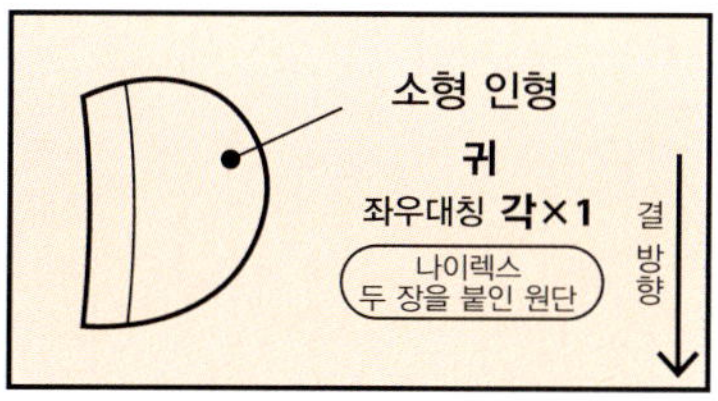
소형 인형
귀
좌우대칭 각×1
나이렉스
두 장을 붙인 원단
결 방향

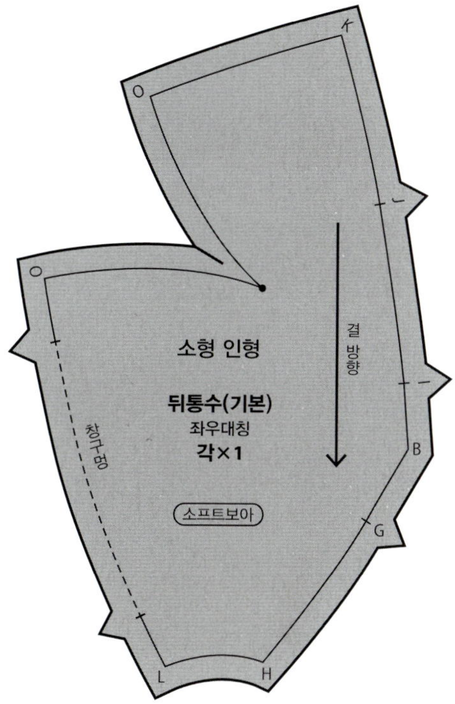
소형 인형
뒤통수(기본)
좌우대칭
각×1
소프트보아
창구멍
결 방향
O
K
B
G
H
L

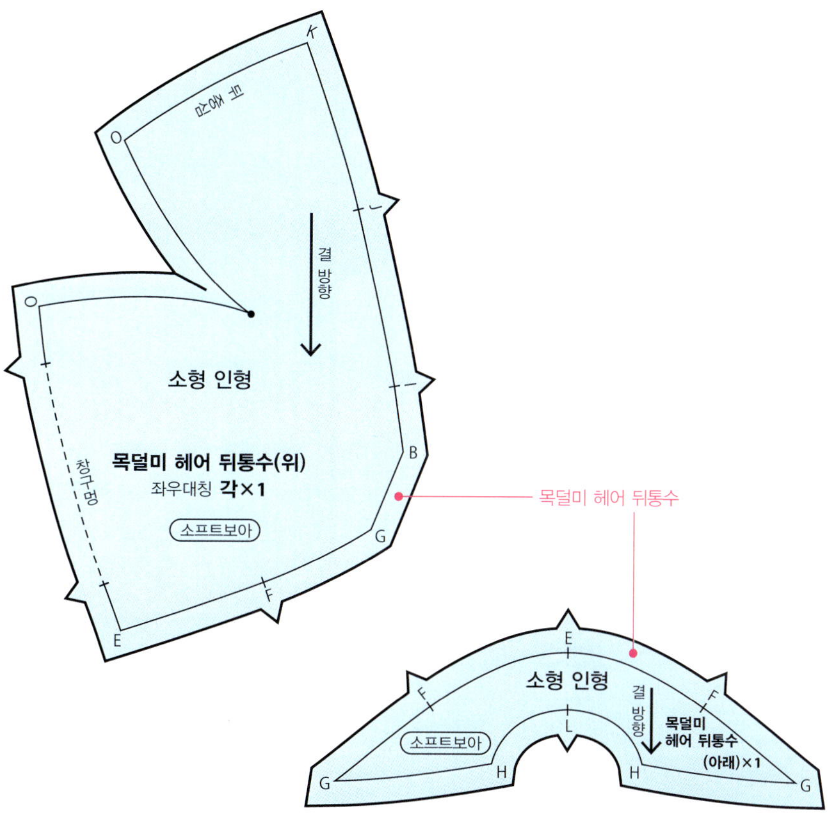
소형 인형
목덜미 헤어 뒤통수(위)
좌우대칭 각×1
소프트보아
창구멍
결 방향
목덜미 헤어 뒤통수
O
K
B
G
F
E
소형 인형
목덜미
헤어 뒤통수
(아래)×1
소프트보아
결 방향
E
F
L
H
G

도안

※대형·중형 인형은 원본 크기대로 복사
※소형 인형은 축소 복사(65%)

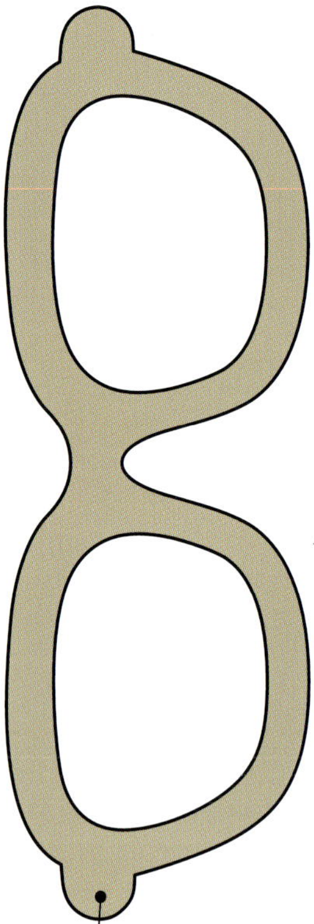

안경×1
하드펠트

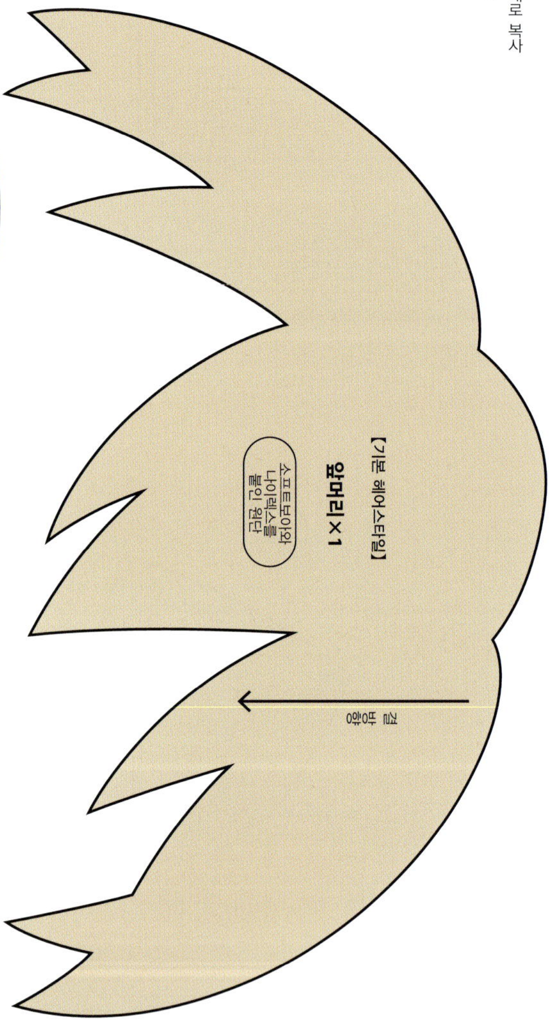

안경×1
하드펠트

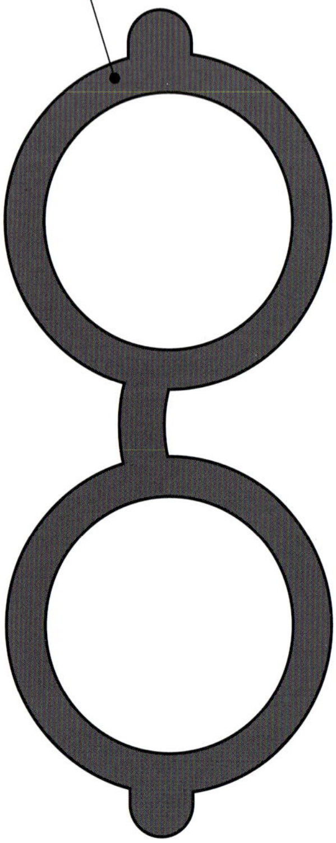

기본 헤어스타일

소프트보아와 나이렉스를 붙인 원단

소프트보아

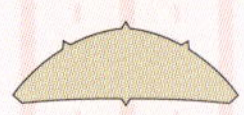

이마

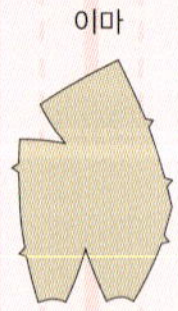

뒤통수
(기본)

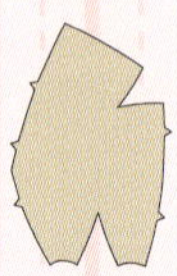

뒤통수
(기본)

★소형 인형의 경우 뒤통수(기본)는 p.95 도안 사용
(p.112까지 공통사항)

도안

스트레이트 쇼트 커트

소프트보아와 나이렉스를 붙인 원단

소프트보아 두 장을 붙인 원단

소프트보아

이마

목덜미 헤어 뒤통수 (위)

목덜미 헤어 뒤통수 (위)

목덜미 헤어 뒤통수(아래)

※중형 인형 · 소형 인형

※대형 인형

※대형 · 중형 인형은 원본 크기대로 복사
※소형 인형은 축소 복사(65%)

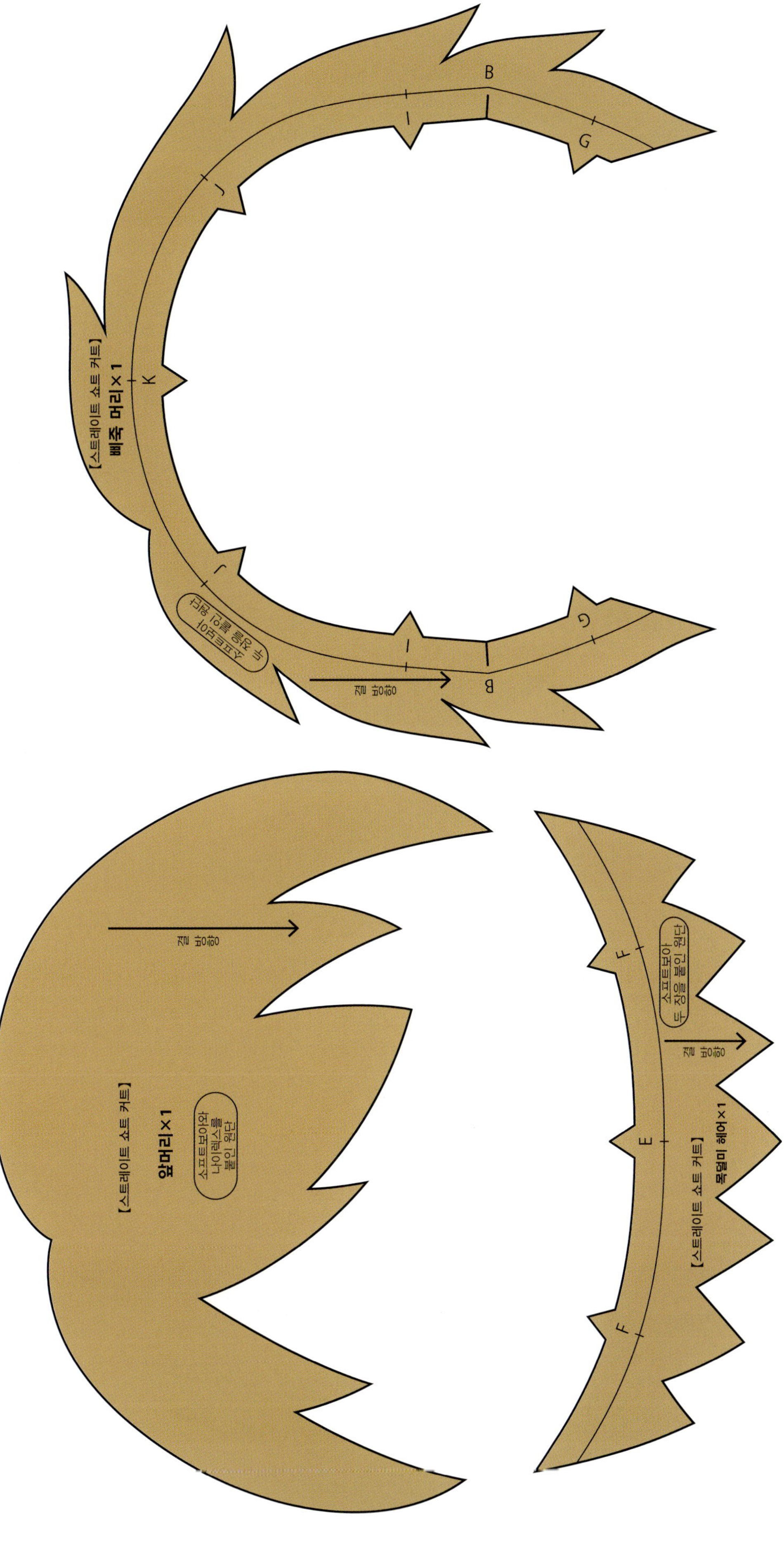

하늘로 솟은 쇼트 커트

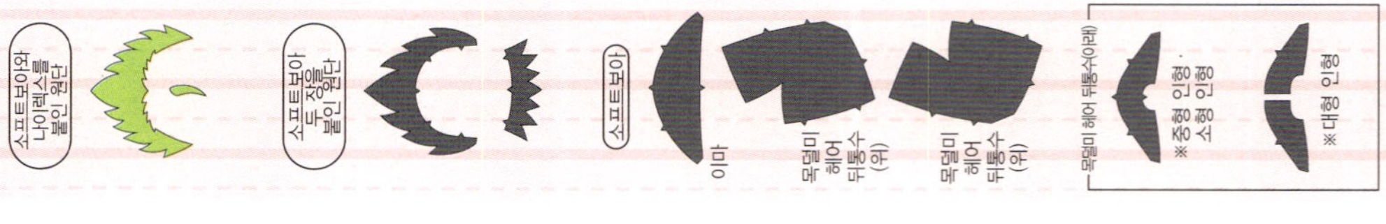

※대형·중형 인형은 원본 크기대로 복사
※소형 인형은 축소 복사(65%)

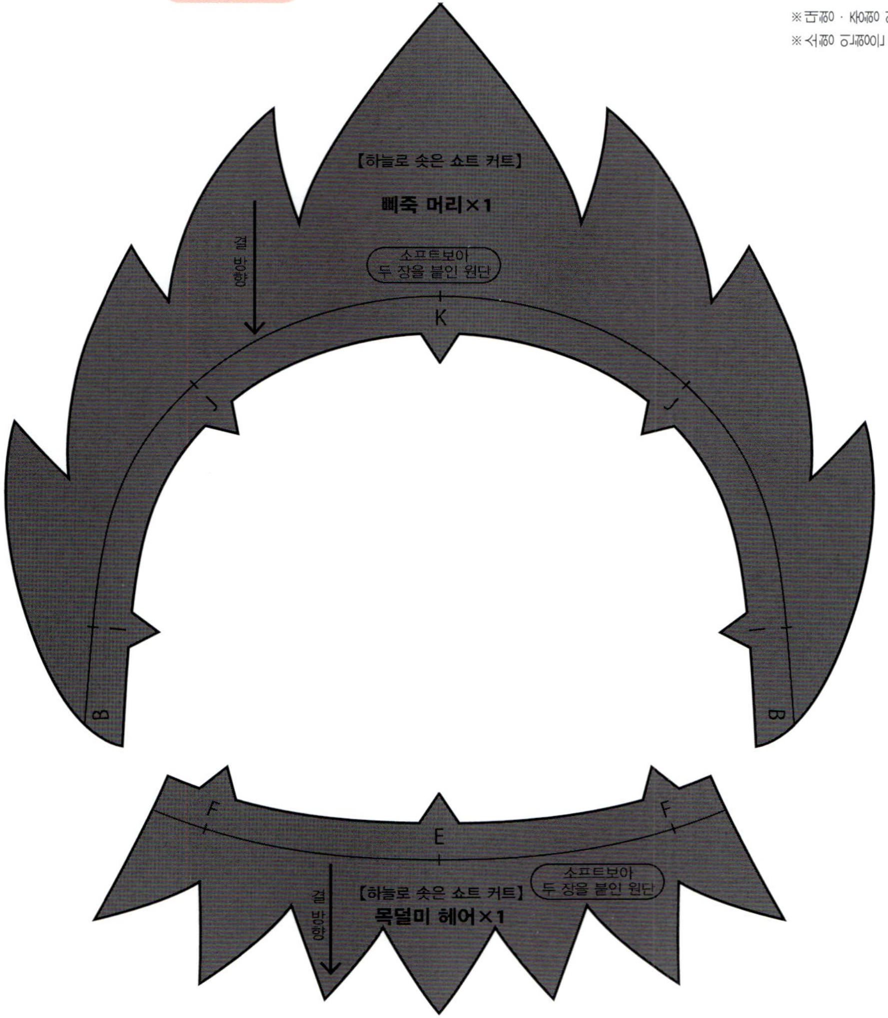

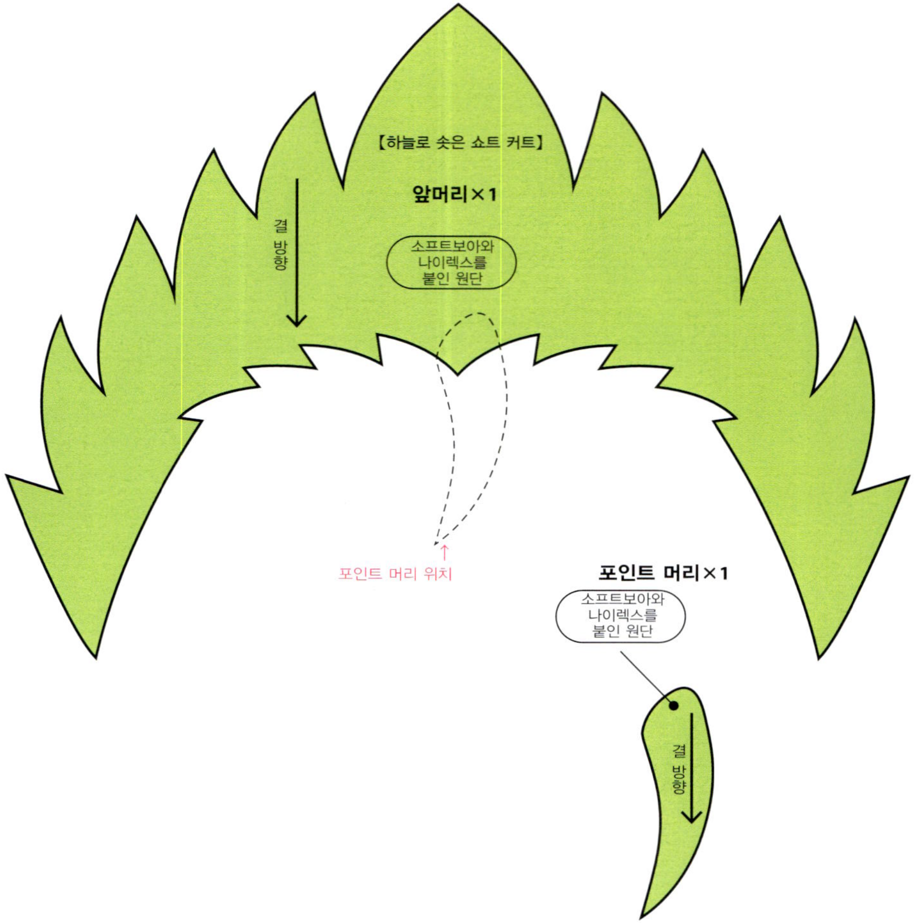

도안

목덜미 헤어 없는 뾰족 머리

※대형·중형 인형은 원본 크기대로 복사
※소형 인형은 축소 복사(65%)

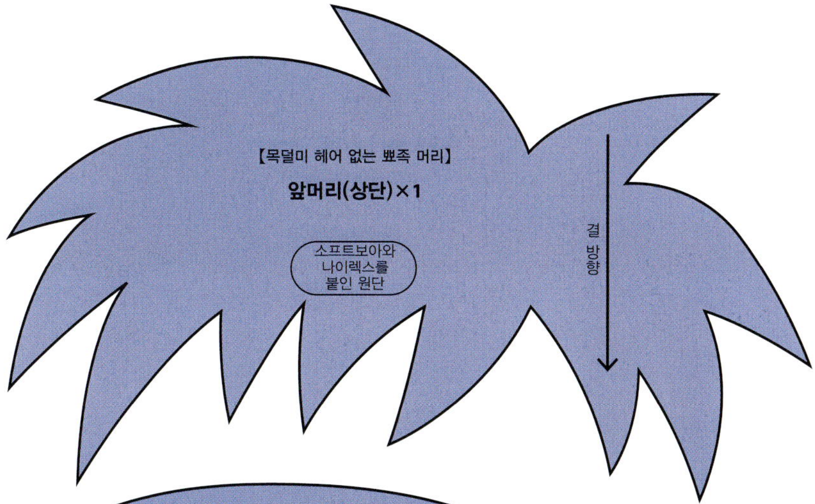

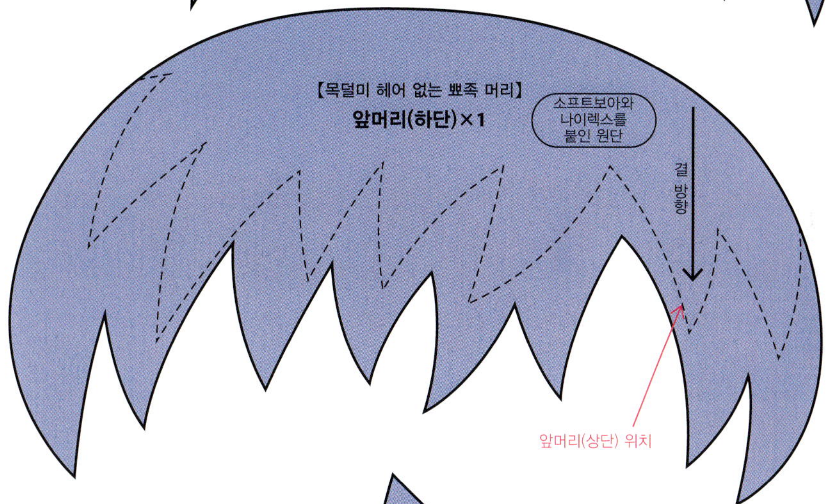

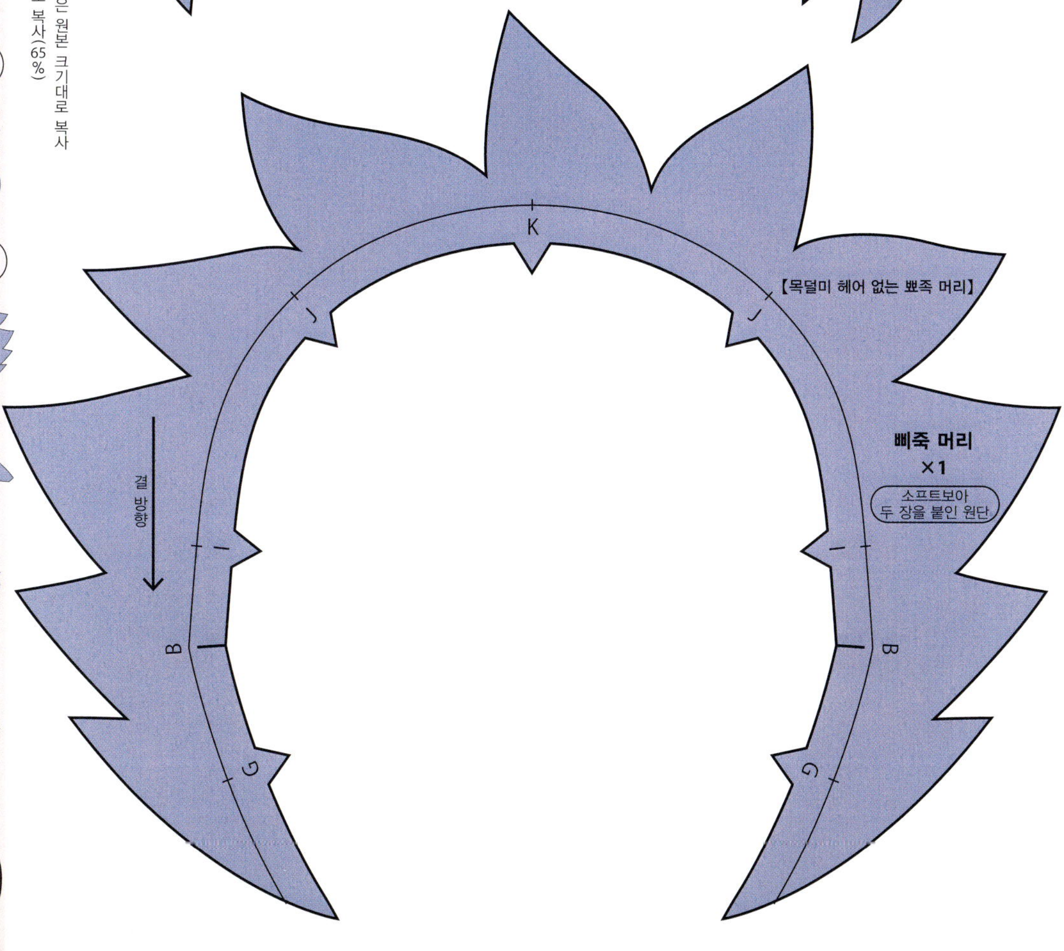

소프트보아와 나이렉스를 붙인 원단

소프트보아 두 장을 붙인 원단

소프트보아

이마

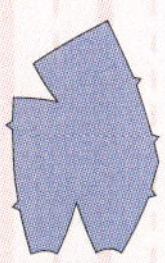

뒤통수 (기본)

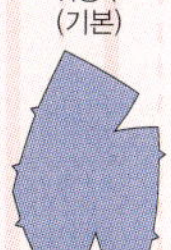

뒤통수 (기본)★

도안

목덜미 헤어 있는 뾰족 머리

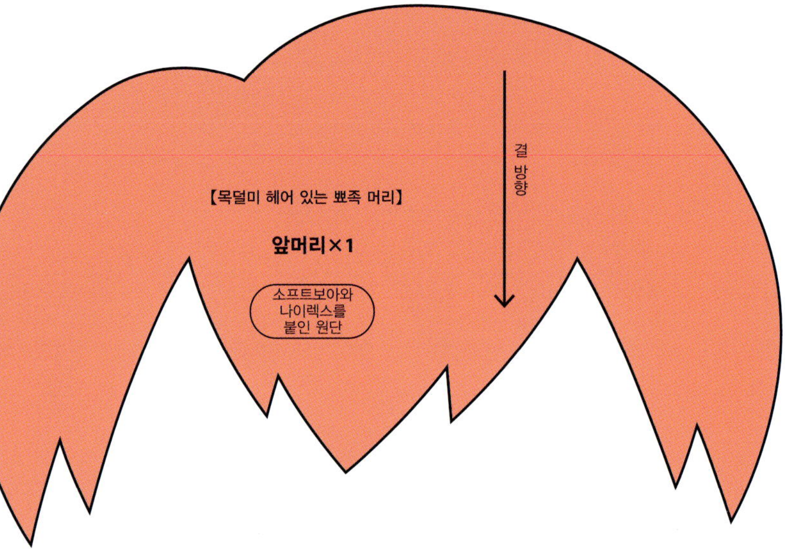

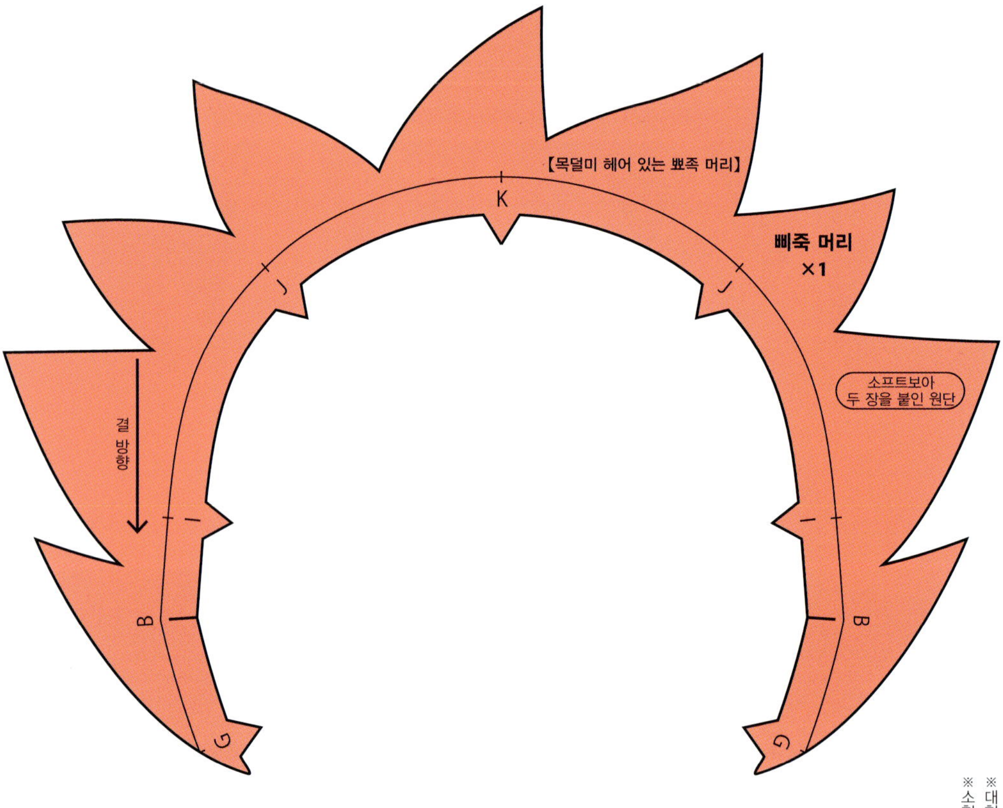

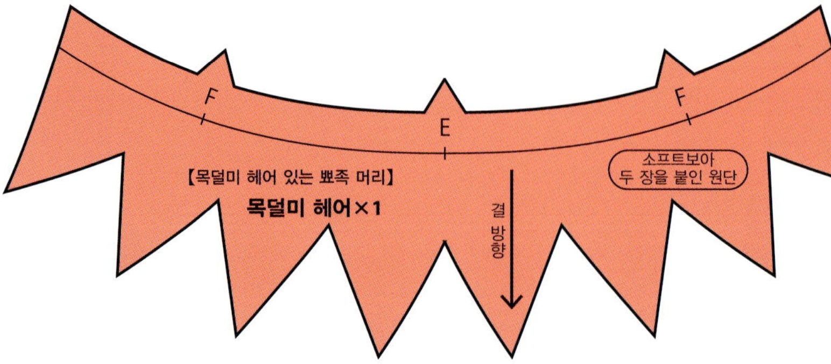

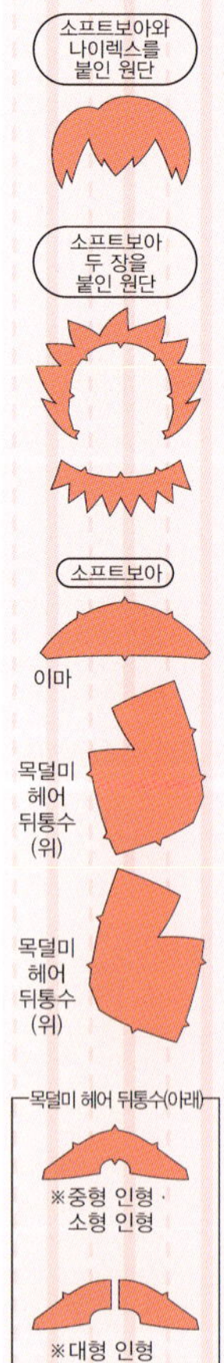

※대형 · 중형 인형은 원본 크기대로 복사
※소형 인형은 축소 복사(65%)

도안

밖으로 뻗친 보브 커트

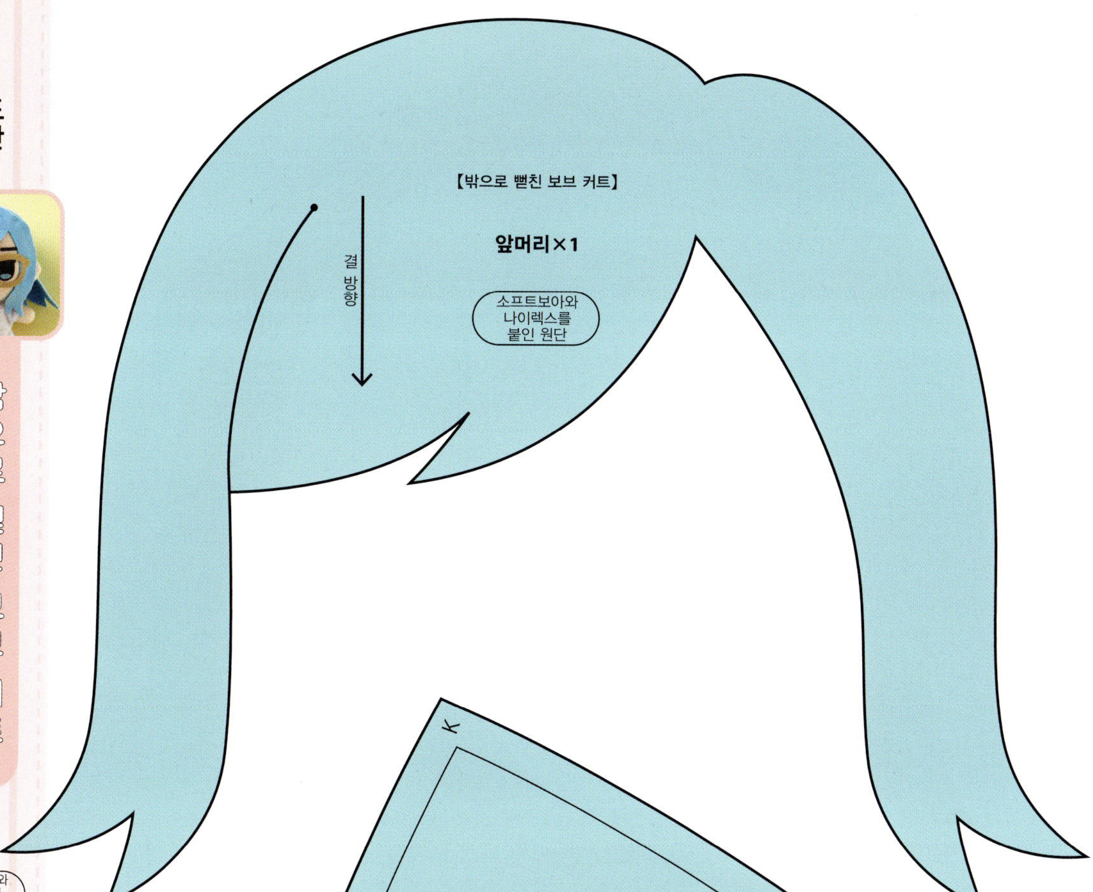

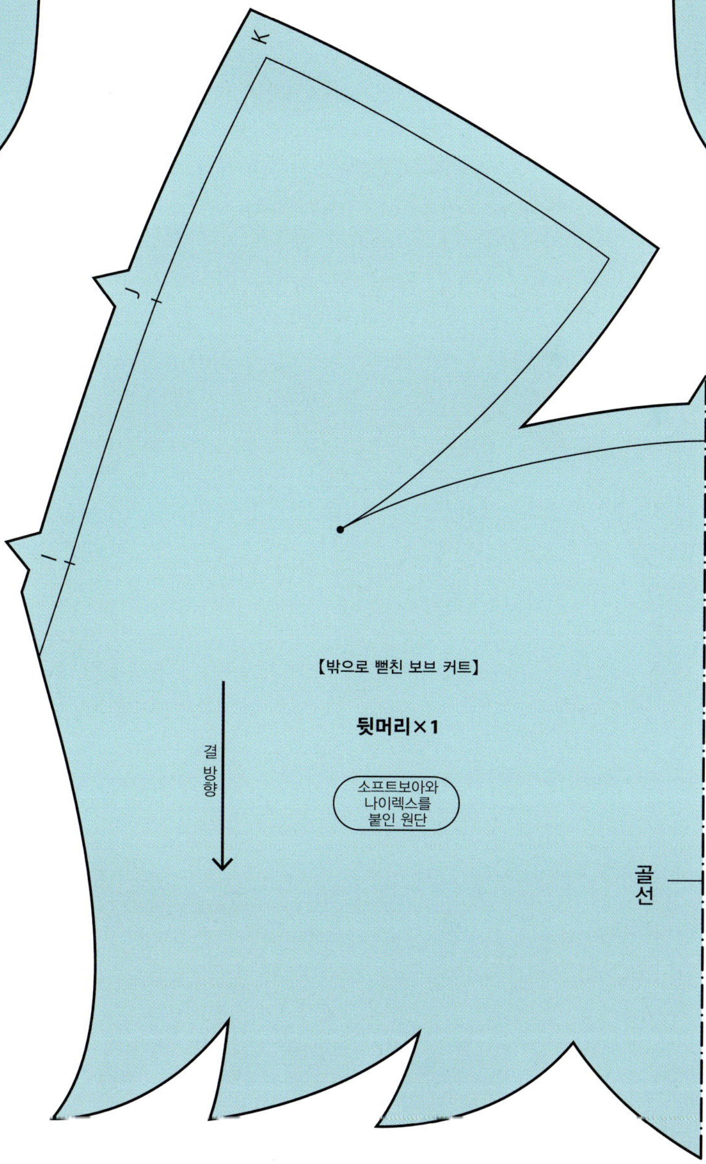

소프트보아와 나이렉스를 붙인 원단

※소형 인형의 경우, 뒷머리는 소프트보아 한 장으로 만들어도 된다.

소프트보아

이마

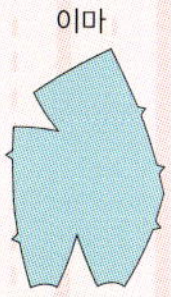

뒤통수 (기본)

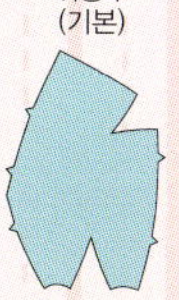

뒤통수 (기본)★

하드펠트

(p.96)

※대형·중형 인형은 원본 크기대로 복사
※소형 인형은 축소 복사(65%)

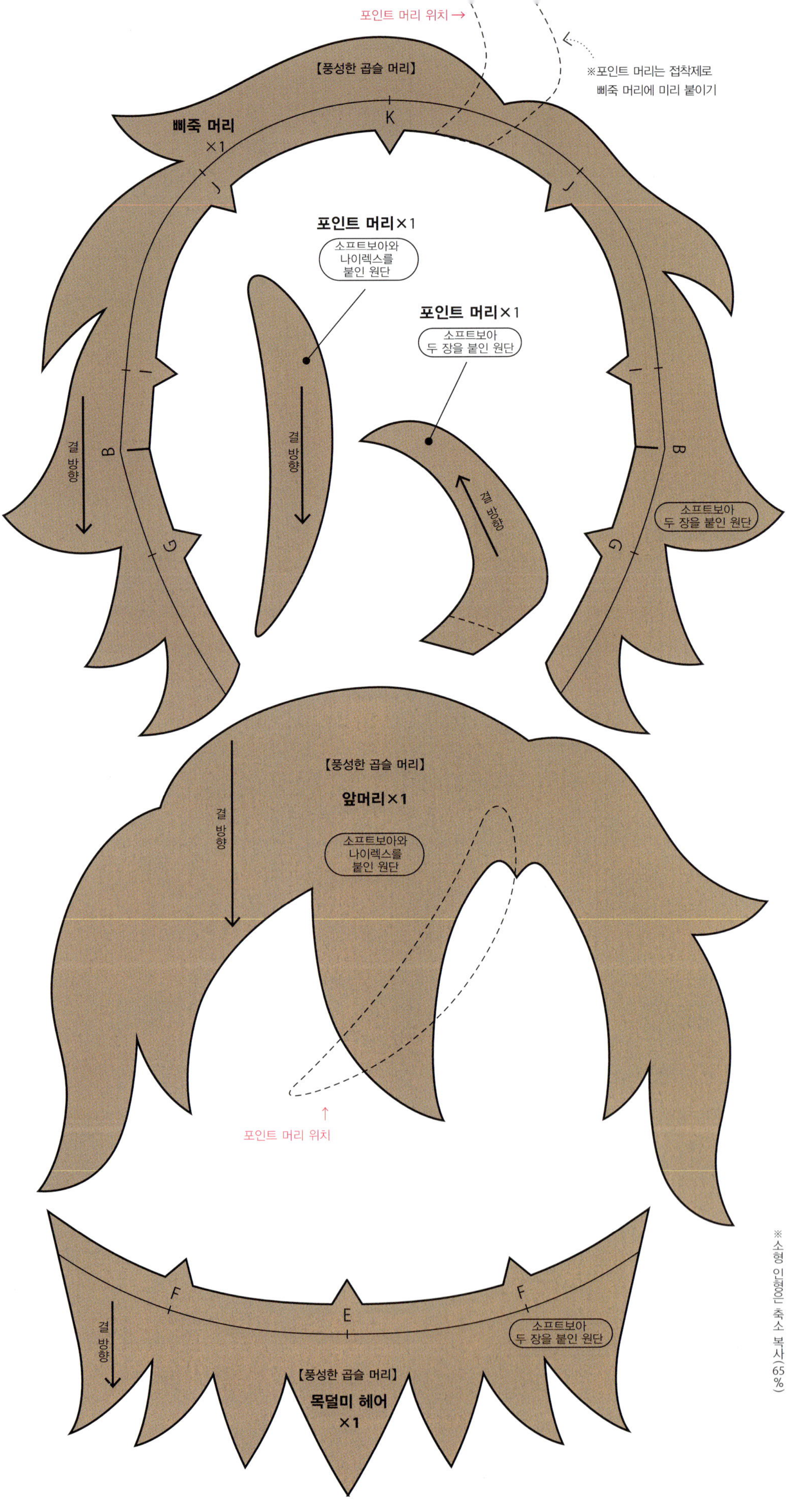

도안

풍성한 곱슬 머리

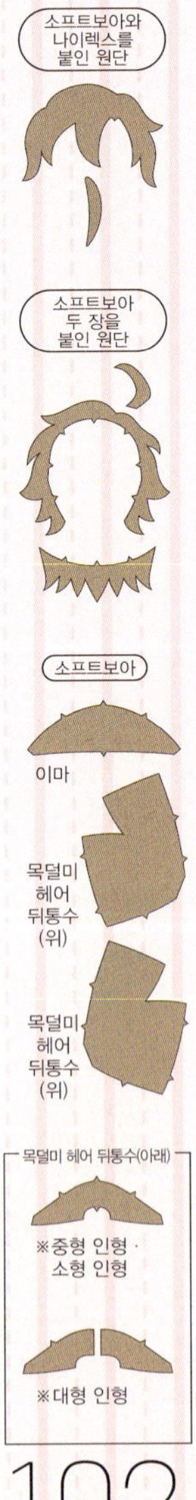

※대형·중형 인형은 원본 크기대로 복사
※소형 인형은 축소 복사(65%)

도안

투톤 보브 커트

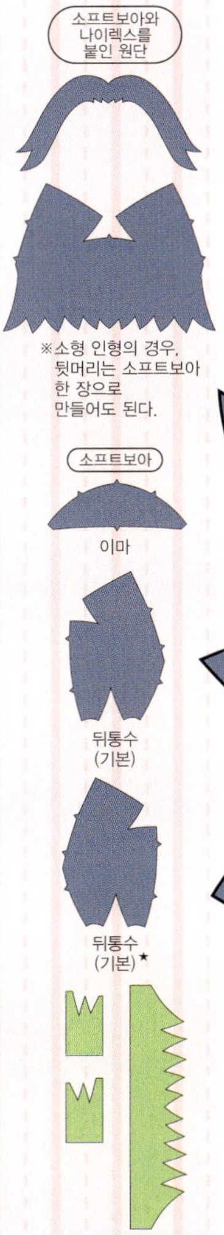

※소형 인형의 경우, 뒷머리는 소프트보아 한 장으로 만들어도 된다.

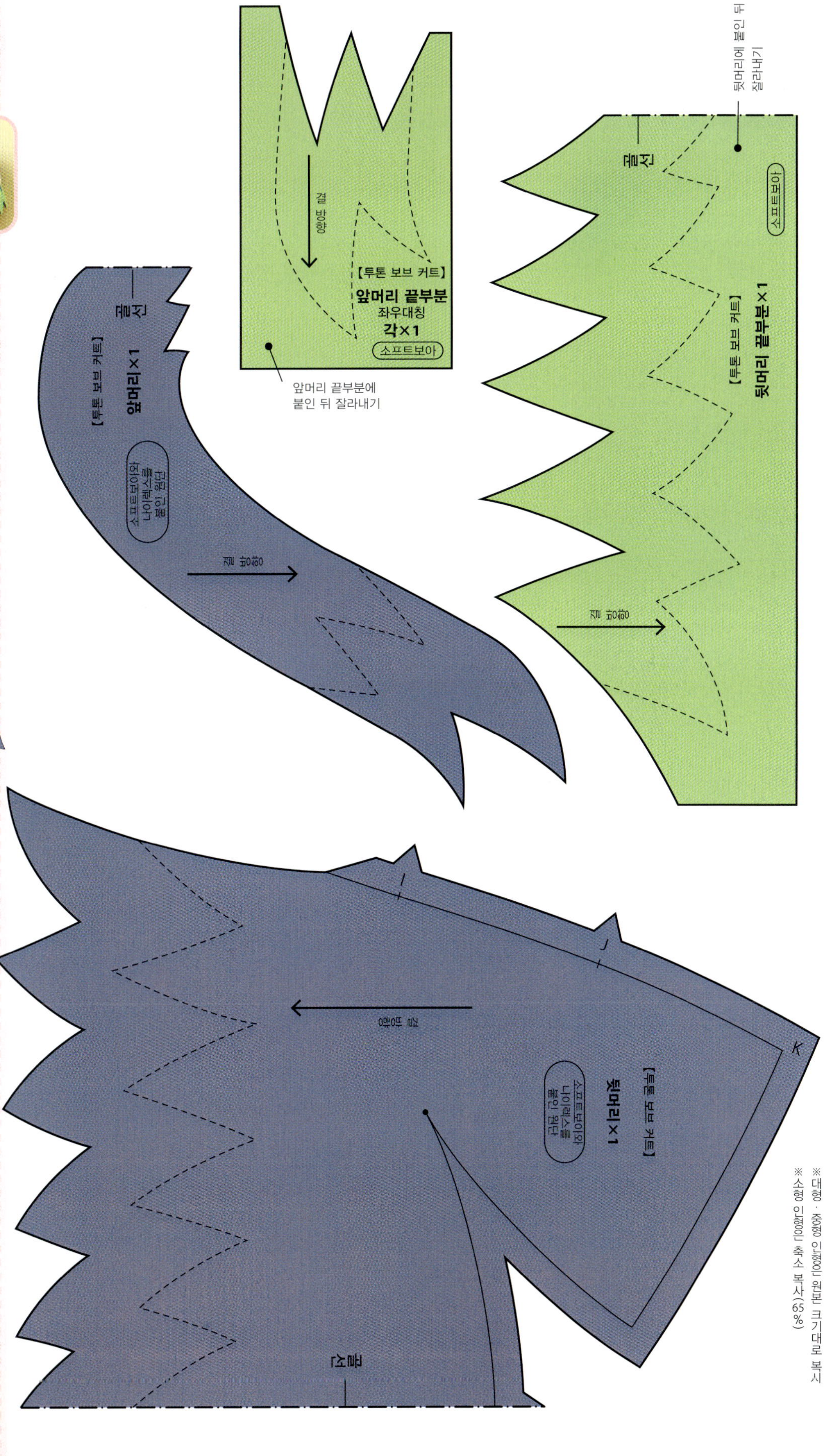

※대형·중형 인형은 원본 크기대로 복사
※소형 인형은 축소 복사(65%)

엘프 귀 풀뱅 보브 커트

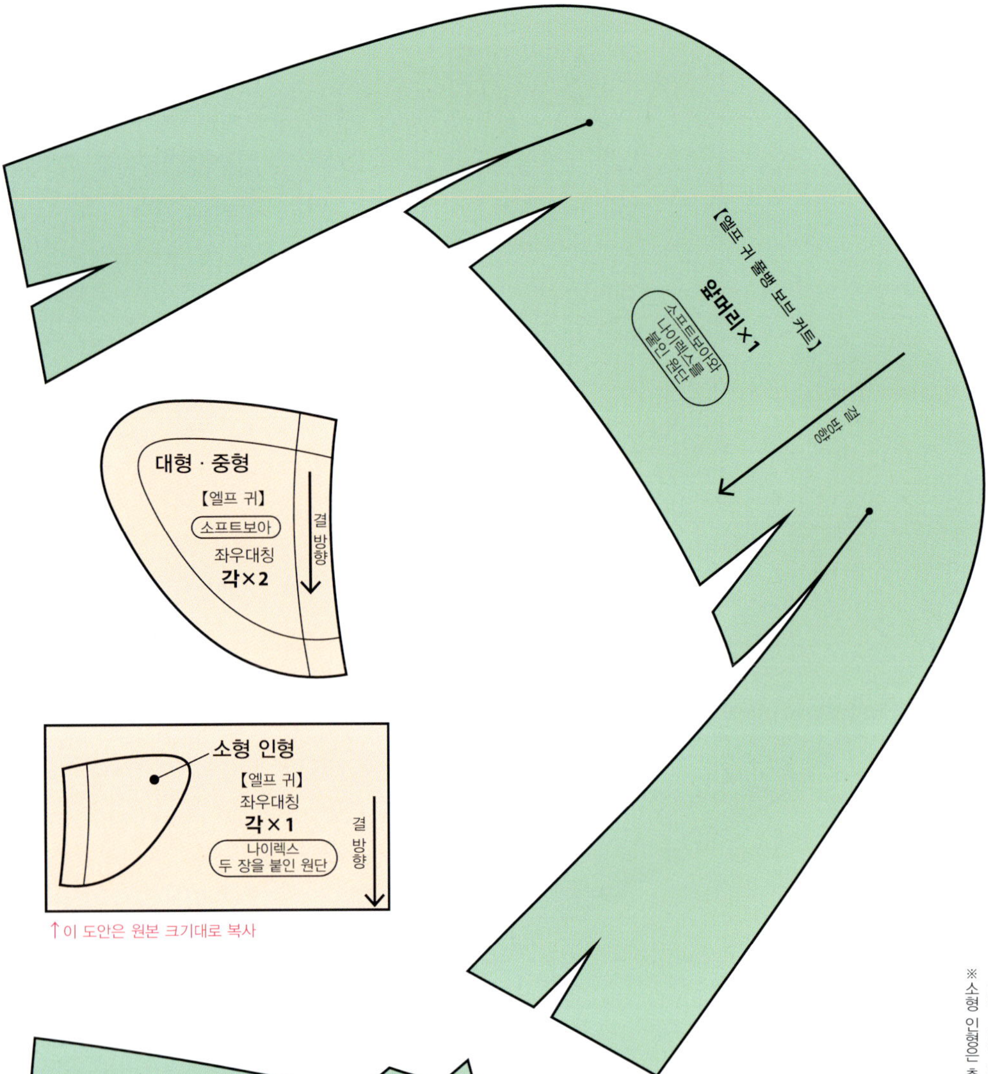

↑이 도안은 원본 크기대로 복사

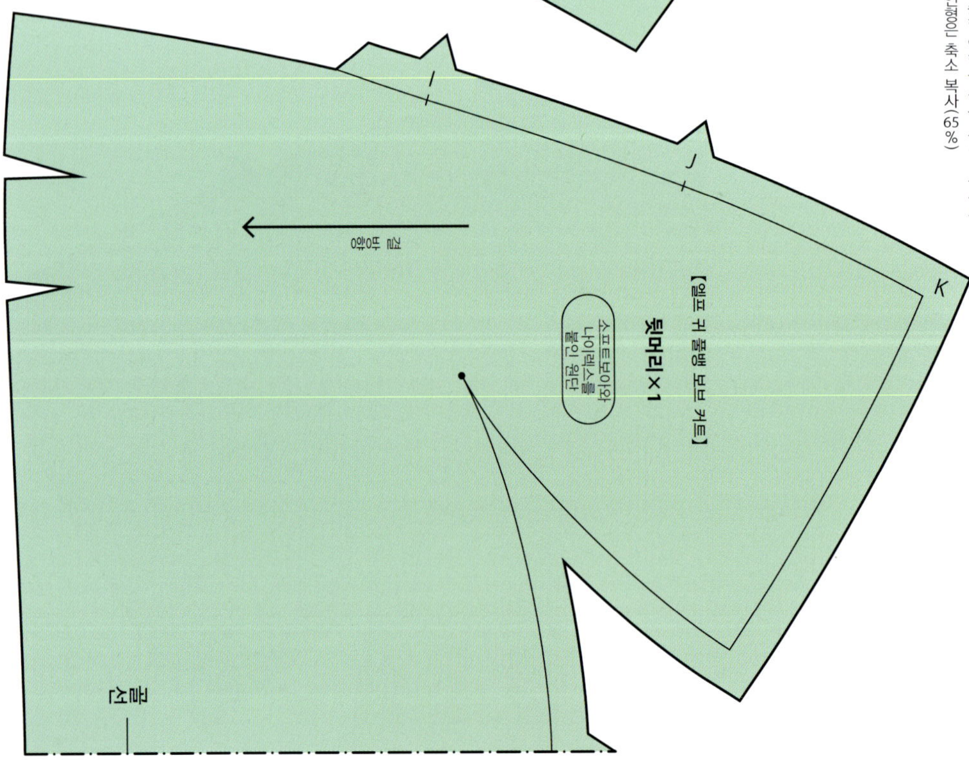

※대형 · 중형 인형은 원본 크기대로 복사
※소형 인형은 축소 복사(65%)

도안

블리치 롱 헤어①

포니 테일①

※ 대형·중형 인형은 원본 크기대로 복사
※ 소형 인형은 축소 복사(65%)

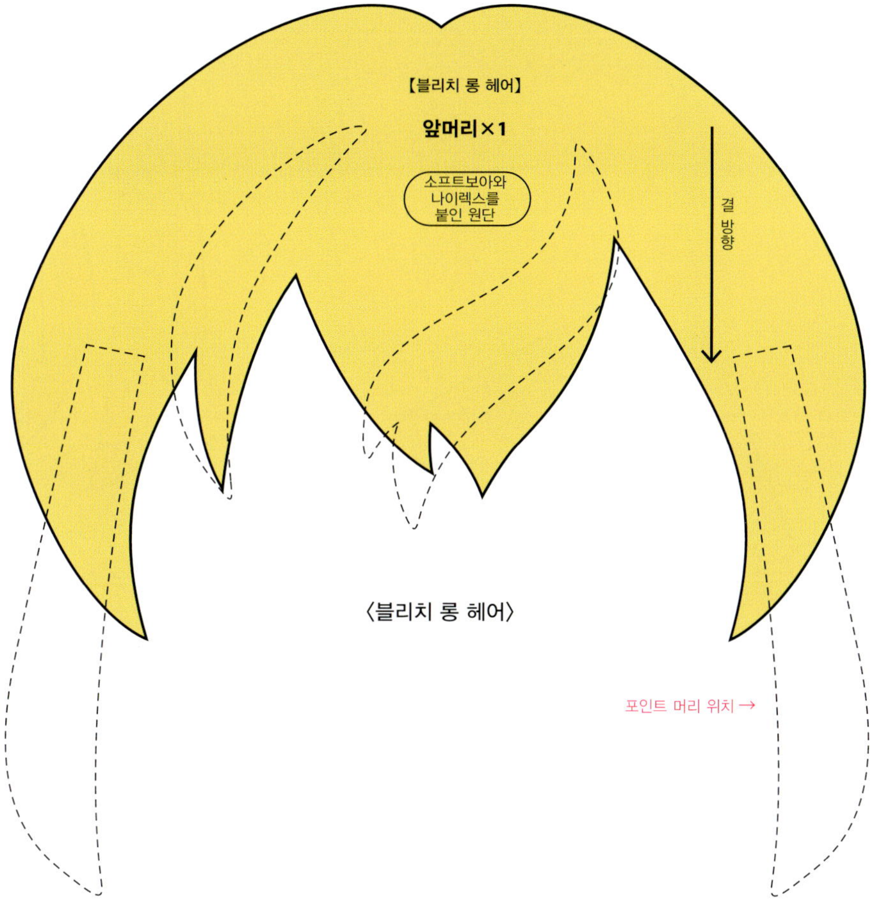

〈블리치 롱 헤어〉

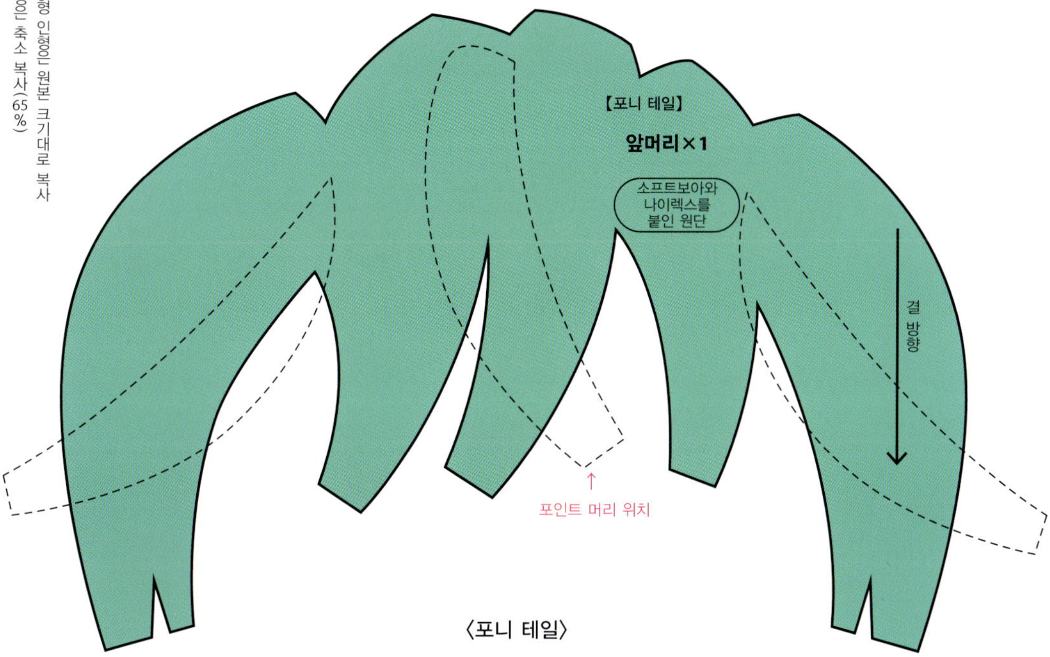

〈포니 테일〉

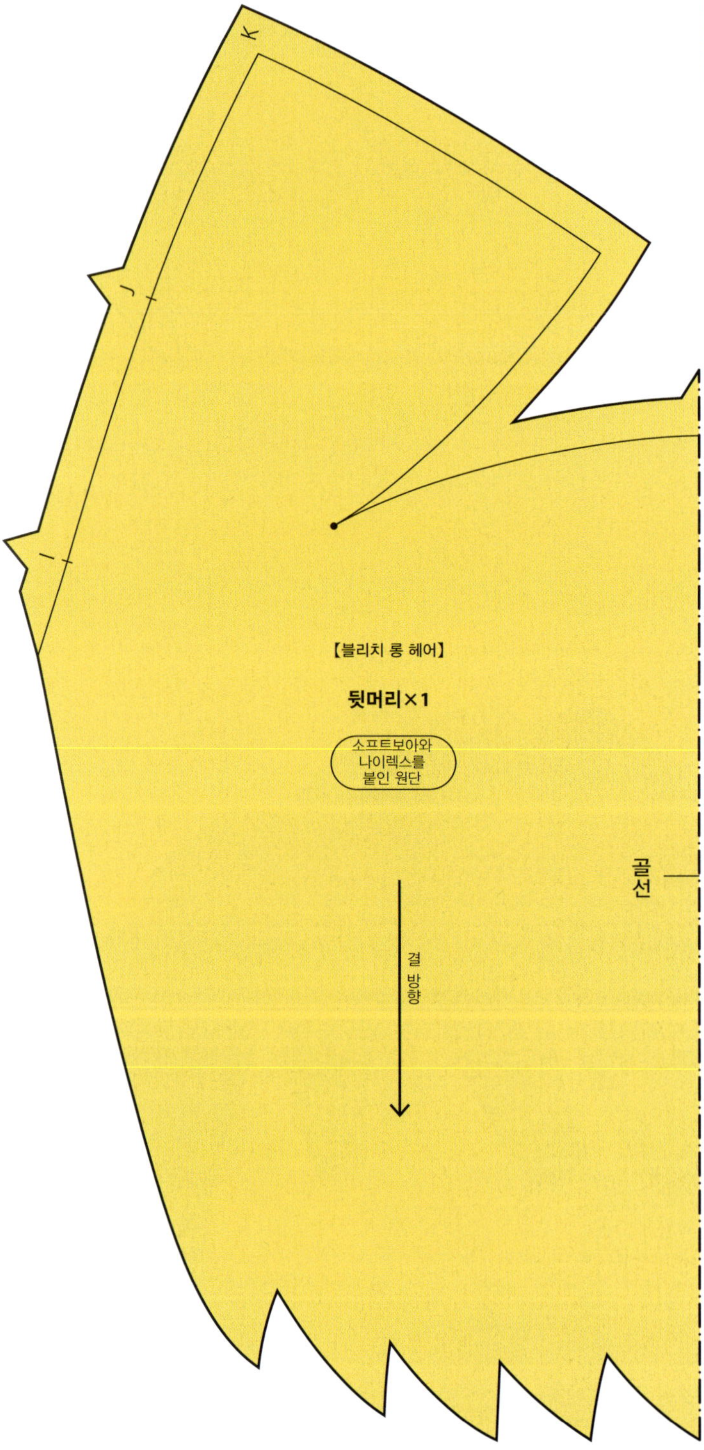

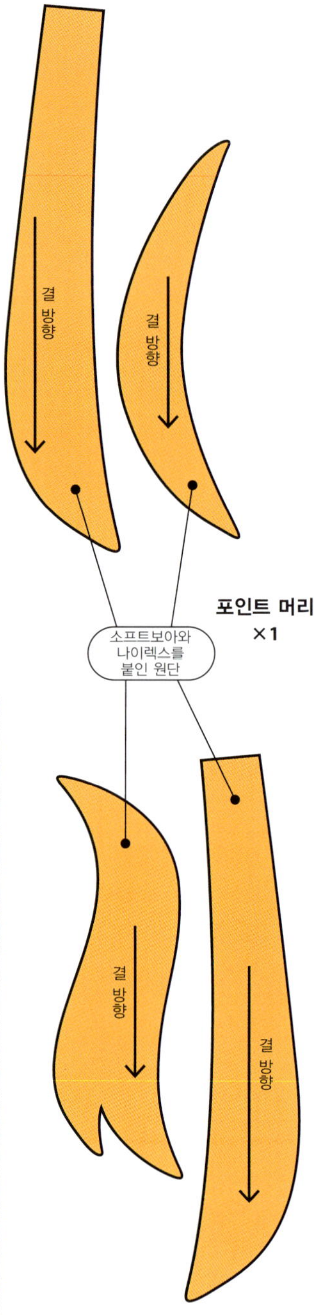

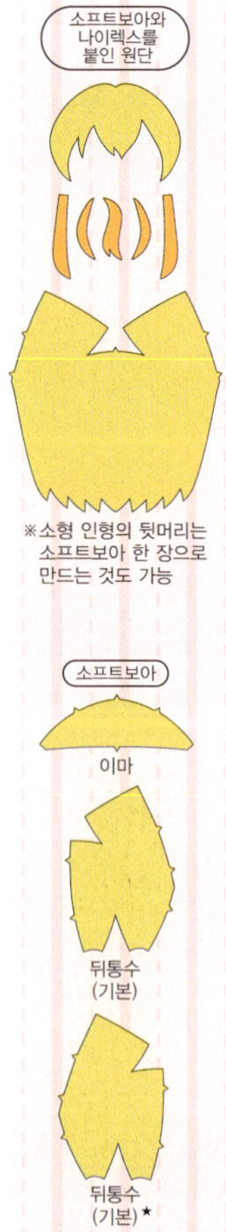

※ 대형·중형 인형은 원본 크기대로 복사

※ 소형 인형은 축소 복사(65%)

포니 테일②

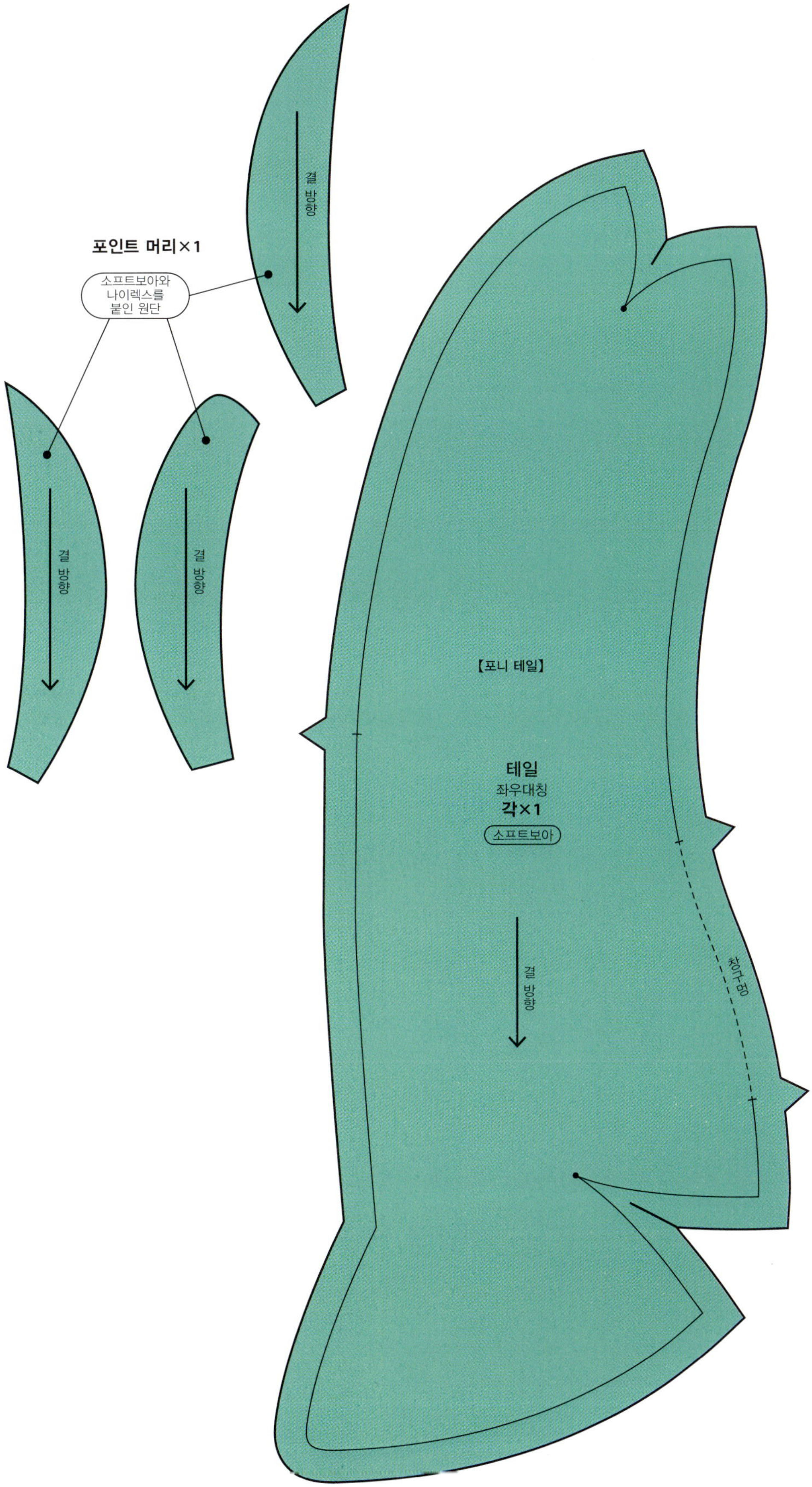

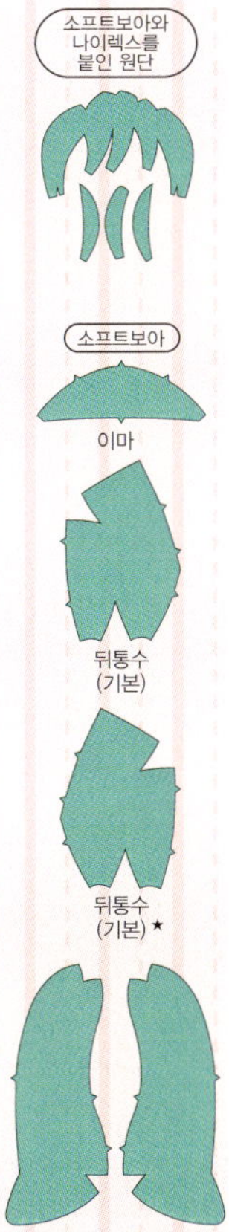

※대형·중형 인형은 원본 크기대로 복사
※소형 인형은 축소 복사(65%)

※대형 · 중형 인형은 원본 크기대로 복사
※소형 인형은 축소 복사(65%)

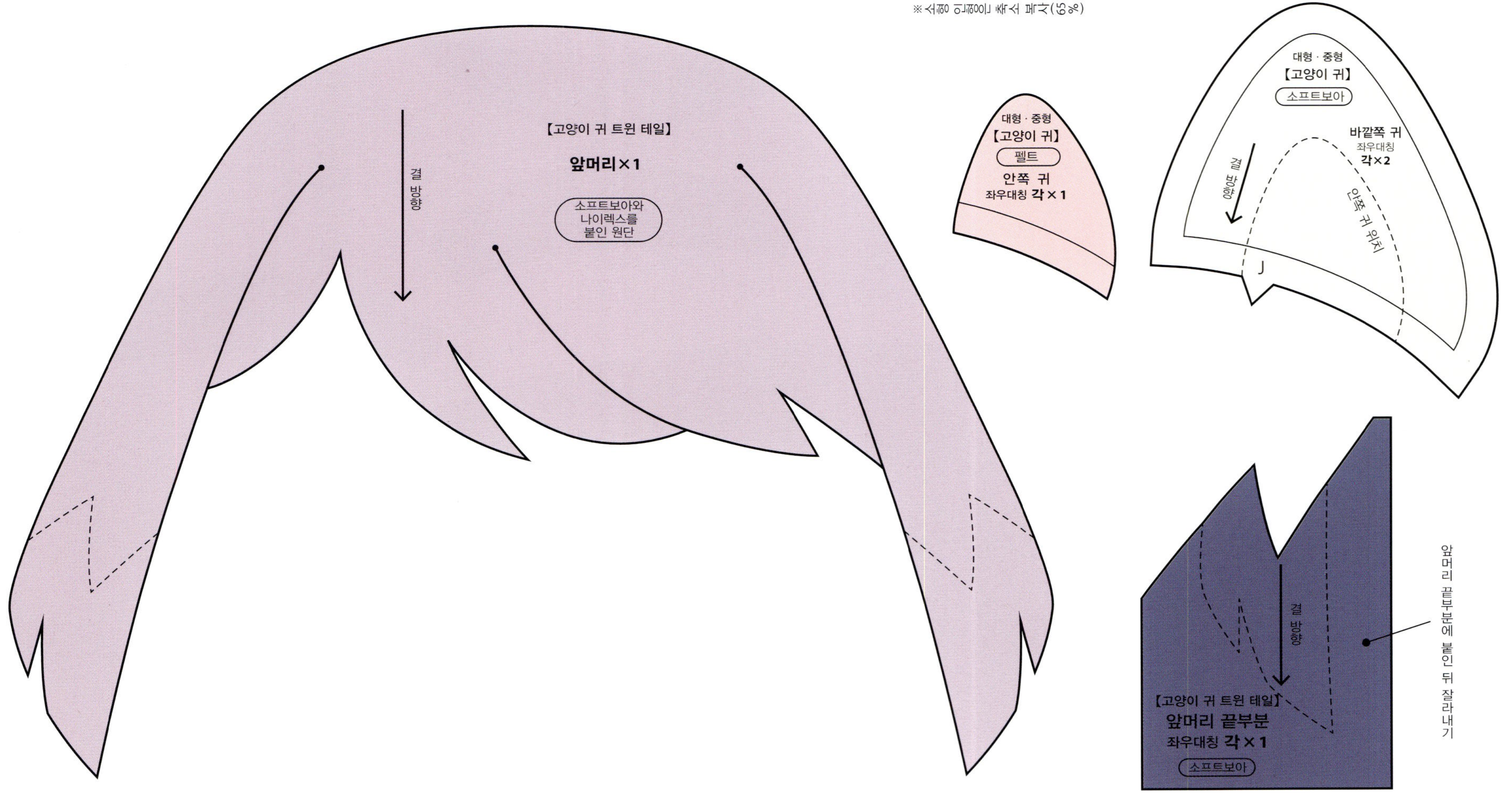

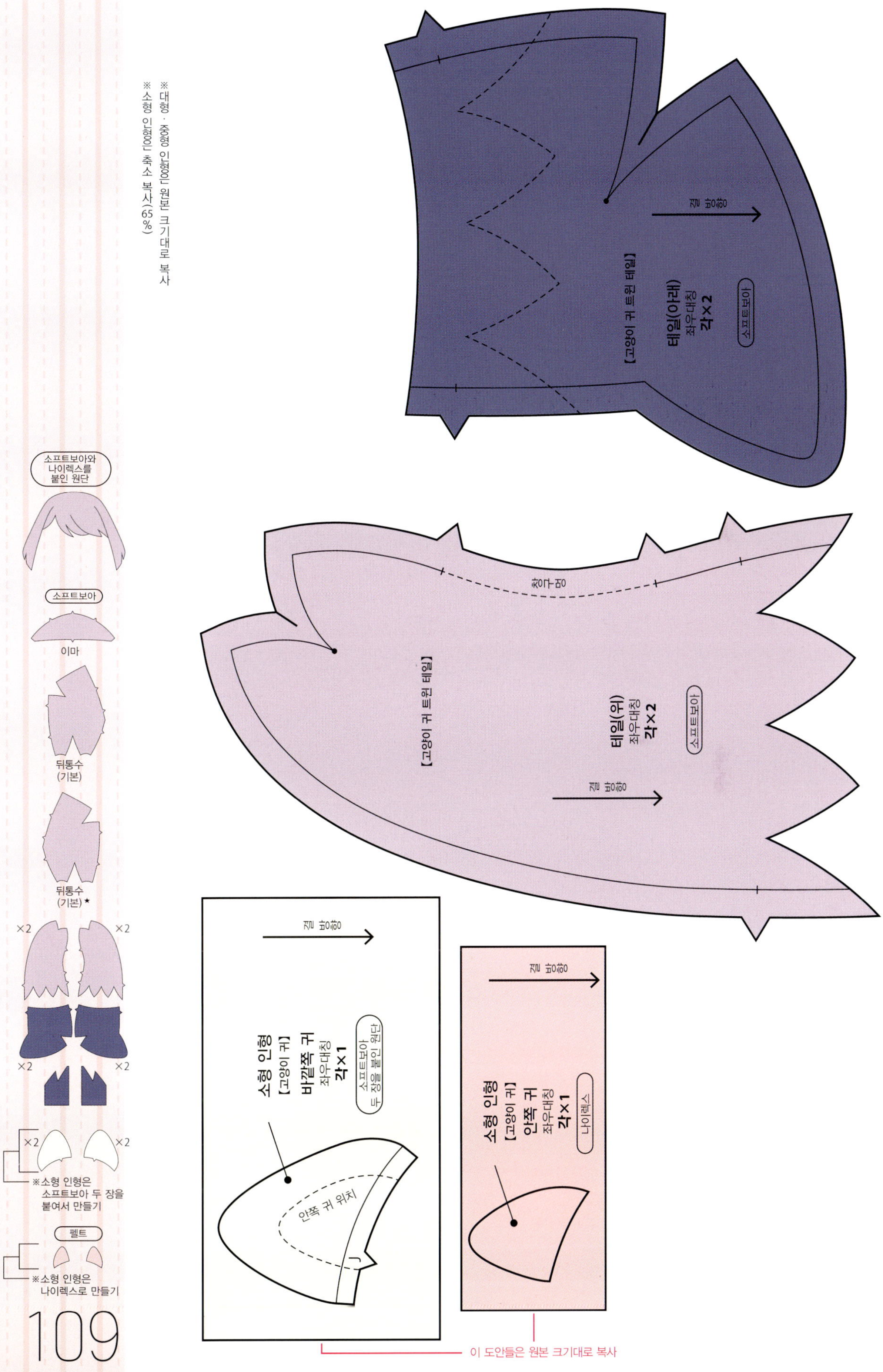
※대형 · 중형 인형의 원본 크기대로 복사
※소형 인형의 축소 복사(65%)
【고양이 귀 트윈 테일】
테일(아래)
좌우대칭
각×2
소프트보아
결 방향
【고양이 귀 트윈 테일】
테일(위)
좌우대칭
각×2
소프트보아
결 방향
창구멍
소형 인형
【고양이 귀】
바깥쪽 귀
좌우대칭
각×1
소프트보아 두 장을 붙인 원단
결 방향
안쪽 귀 위치
소형 인형
【고양이 귀】
안쪽 귀
좌우대칭
각×1
나이렉스
결 방향
이 도안들은 원본 크기대로 복사
소프트보아와 나이렉스를 붙인 원단
소프트보아
이마
뒤통수 (기본)
뒤통수 (기본)★
×2
※소형 인형은 소프트보아 두 장을 붙여서 만들기
펠트
※소형 인형은 나이렉스로 만들기

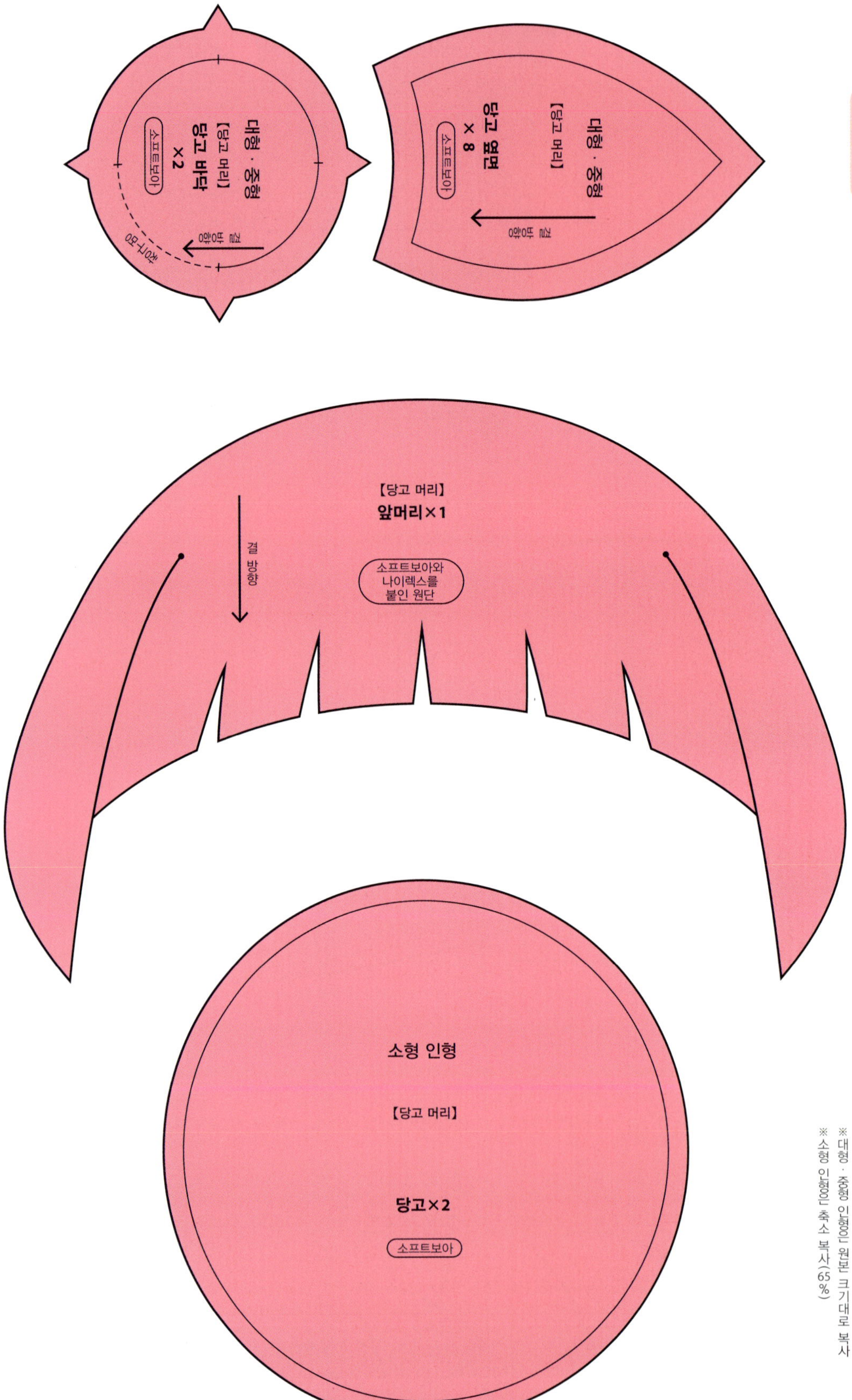

↑ 이 도안은 원본 크기대로 복사

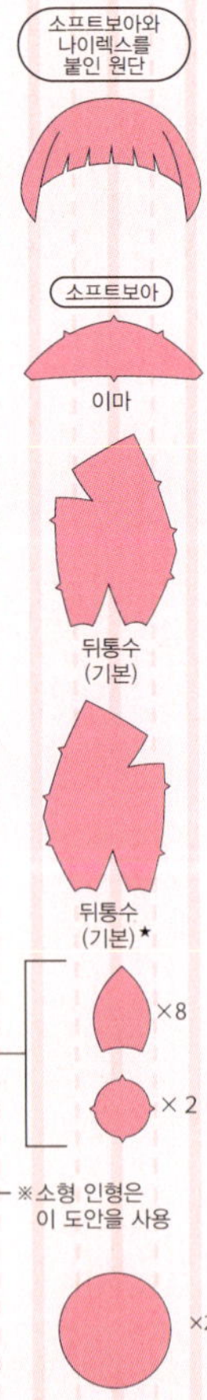

※대형·중형 인형은 원본 크기대로 복사
※소형 인형은 축소 복사(65%)

도안

스킨헤드

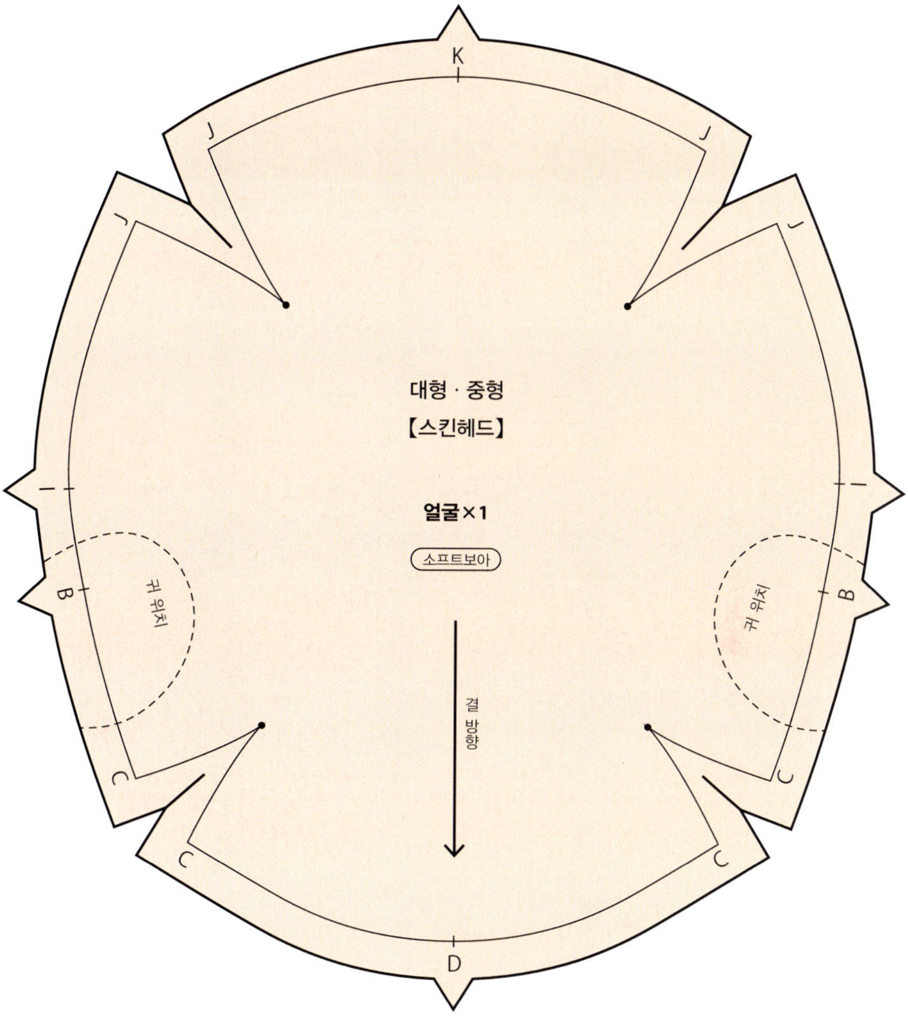

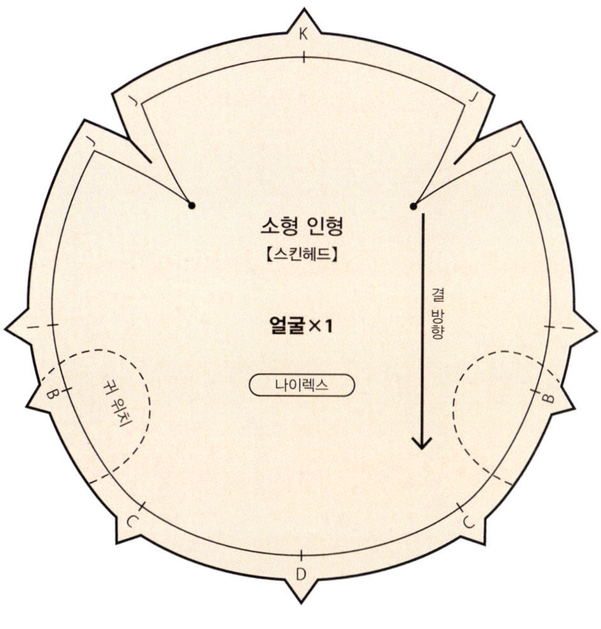

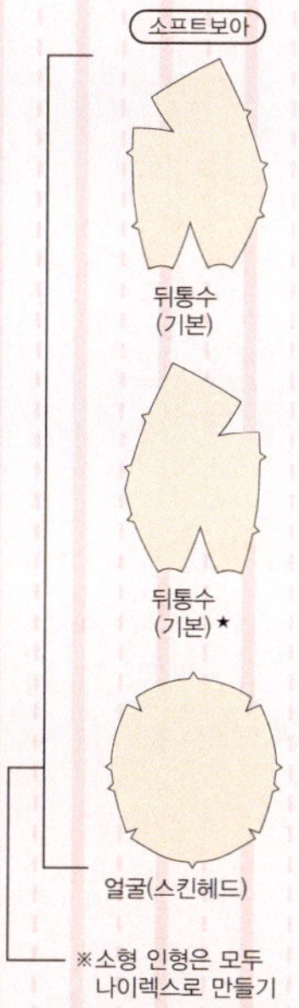

※대형 · 중형 인형은 원본 크기대로 복사
※소형 인형은 축소 복사(65%)

빡빡머리

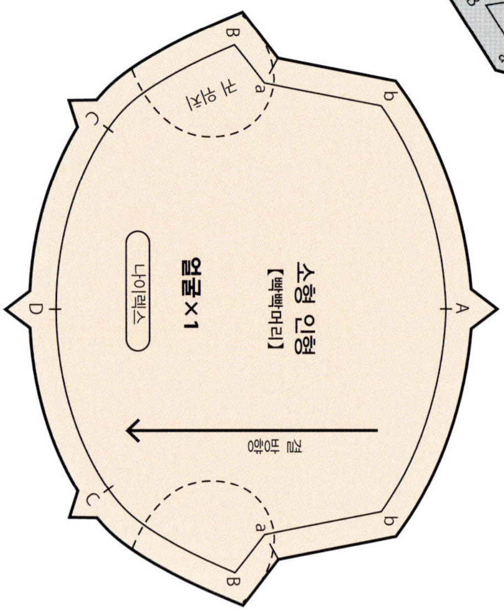

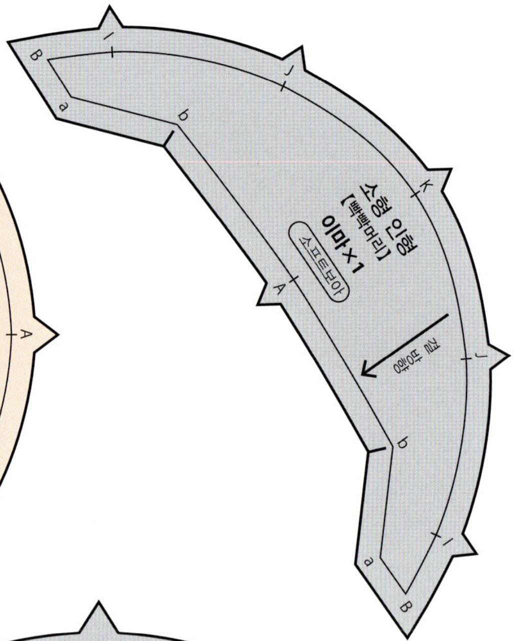

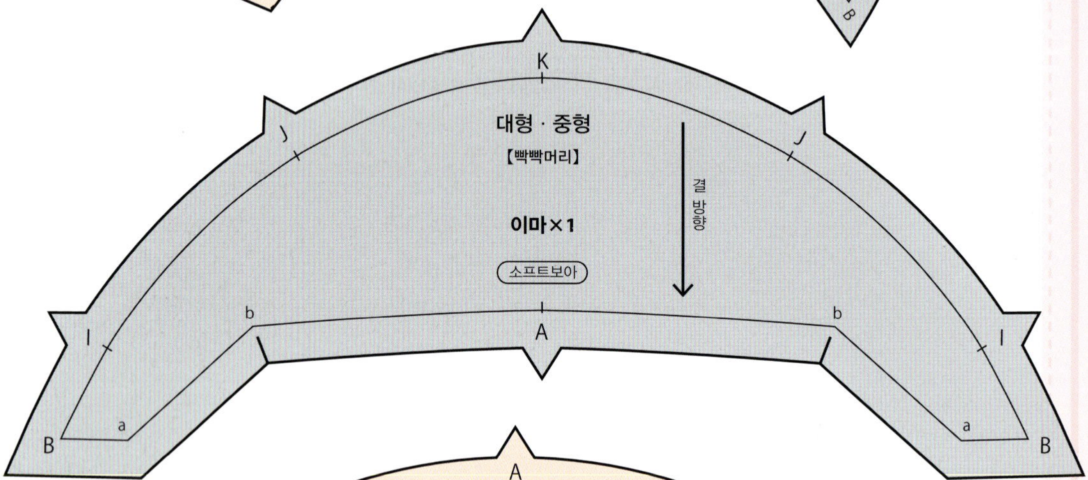

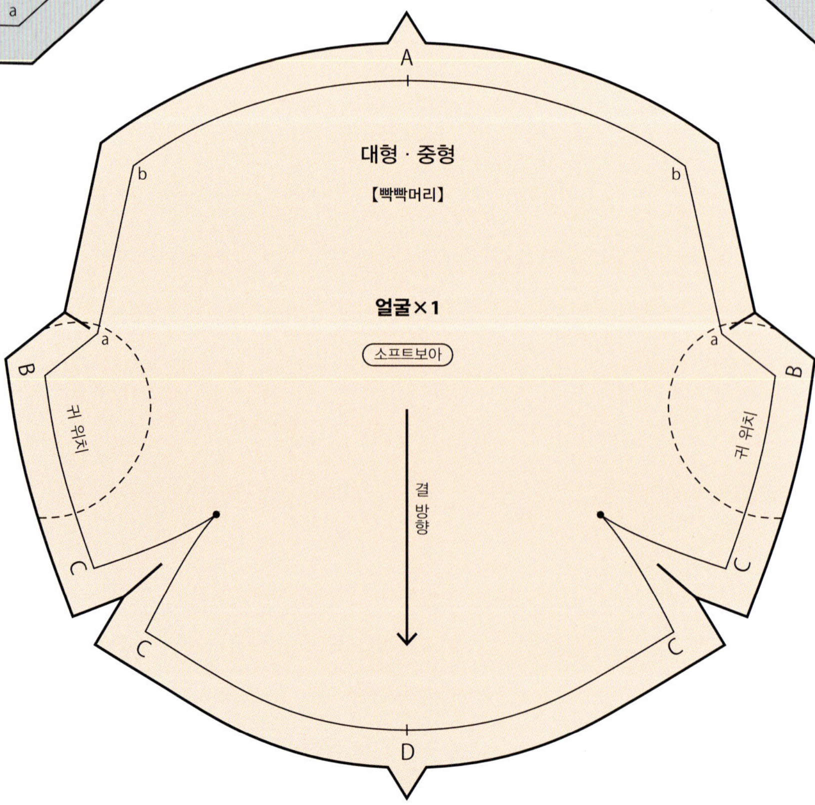

※대형 · 중형 인형은 원본 크기대로 복사

※소형 인형은 축소 복사(65%)

소프트보아

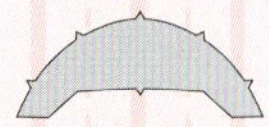

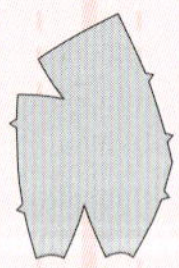

뒤통수
(기본)

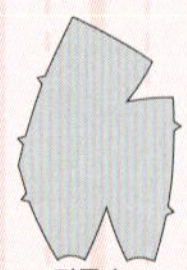

뒤통수★
(기본)

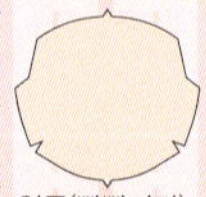

얼굴(빡빡머리)

※소형 인형은
나이렉스로 만들기

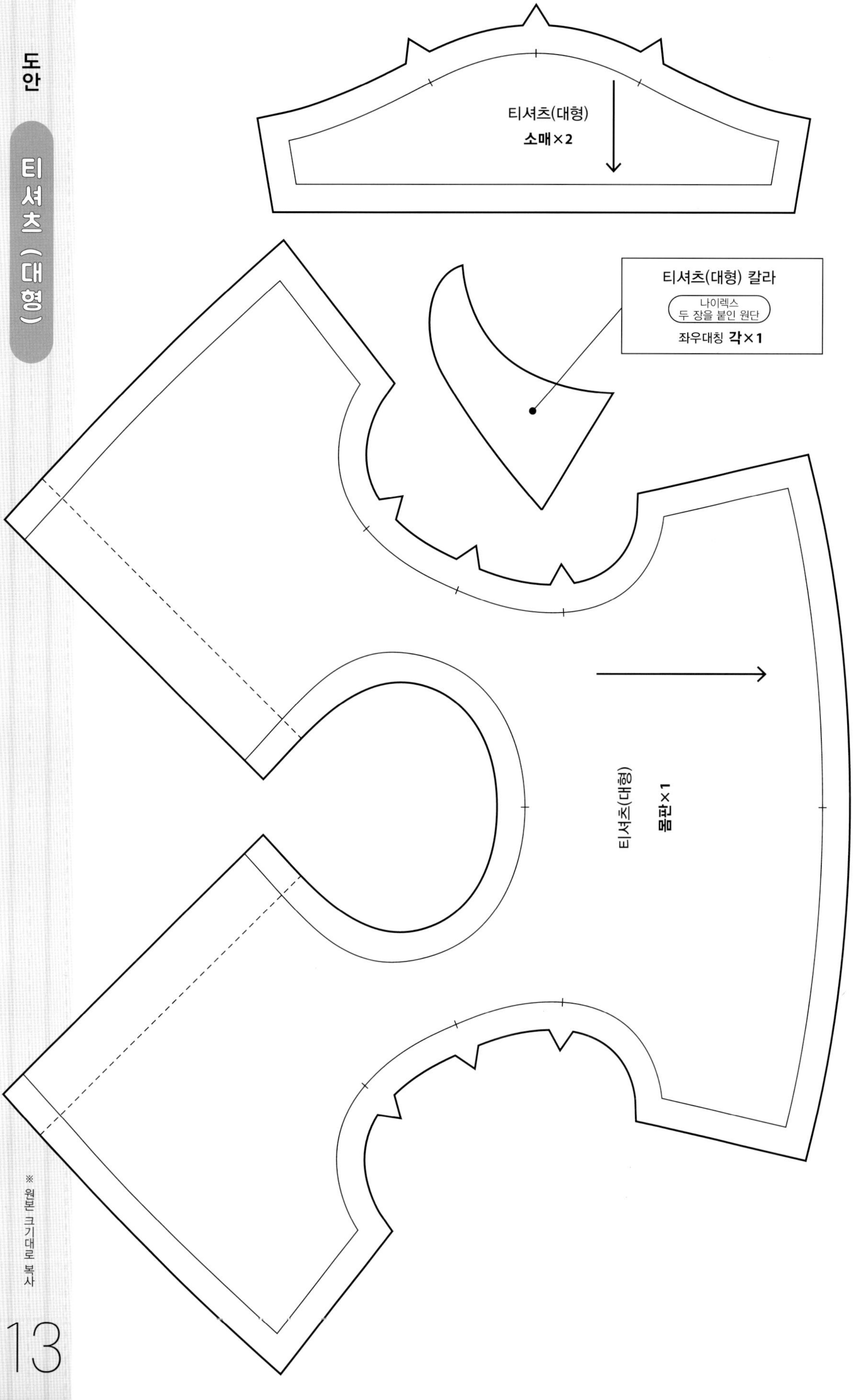
티셔츠(대형)
소매×2
티셔츠(대형) 칼라
나이렉스
두 장을 붙인 원단
좌우대칭 각×1
티셔츠(대형)
몸판×1

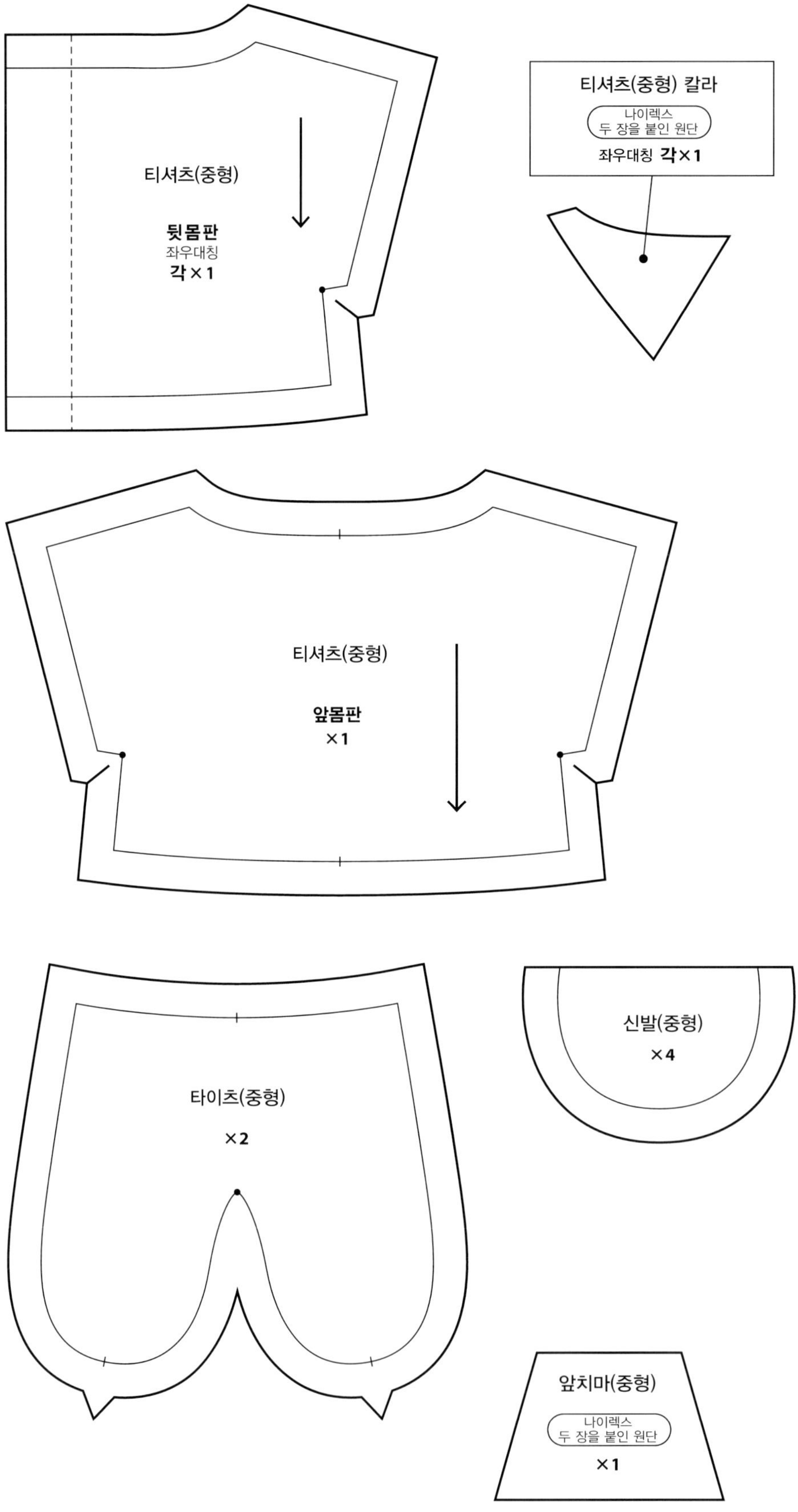

↑ ※대형 인형은 확대 복사(170%)
※소형 인형은 축소 복사(65%)

※ 중형 인형은 원본 크기대로 복사
※ 소형 인형은 축소 복사(65%)

도안

팬츠(대형)

※ 원본 크기대로 복사

도안

팬츠(중형)

※ 중형 인형은 원본 크기대로 복사
※ 소형 인형은 축소 복사(65%)

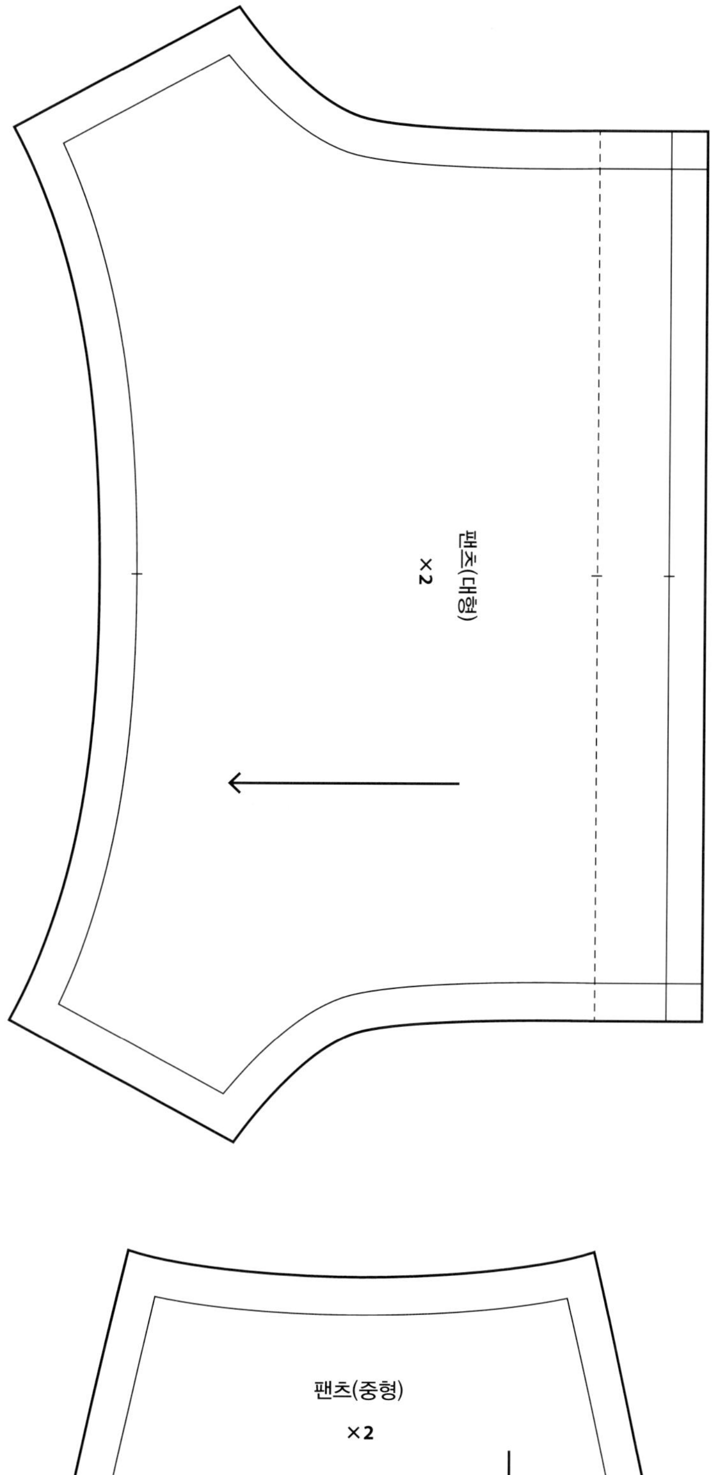

※ 원본 크기대로 복사

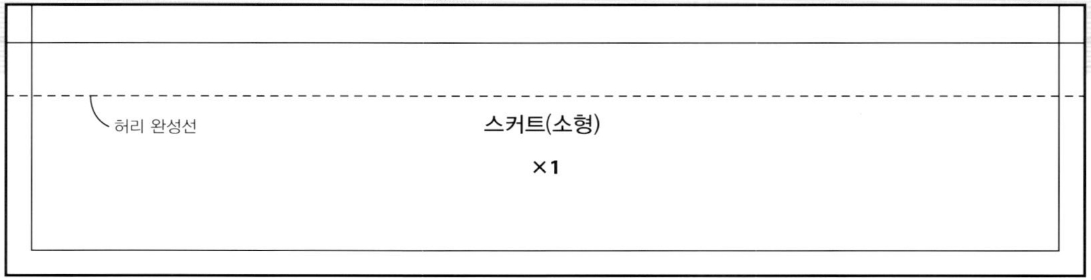

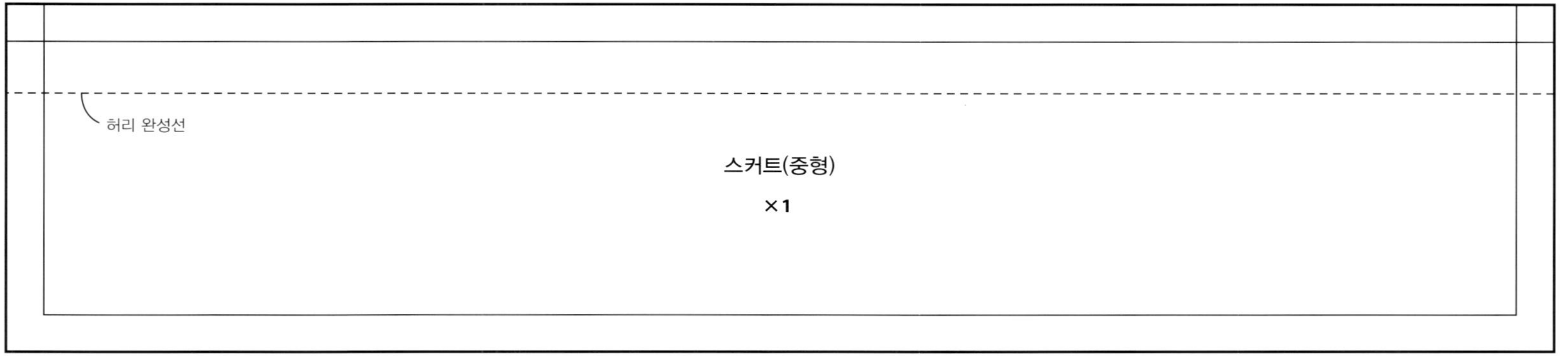

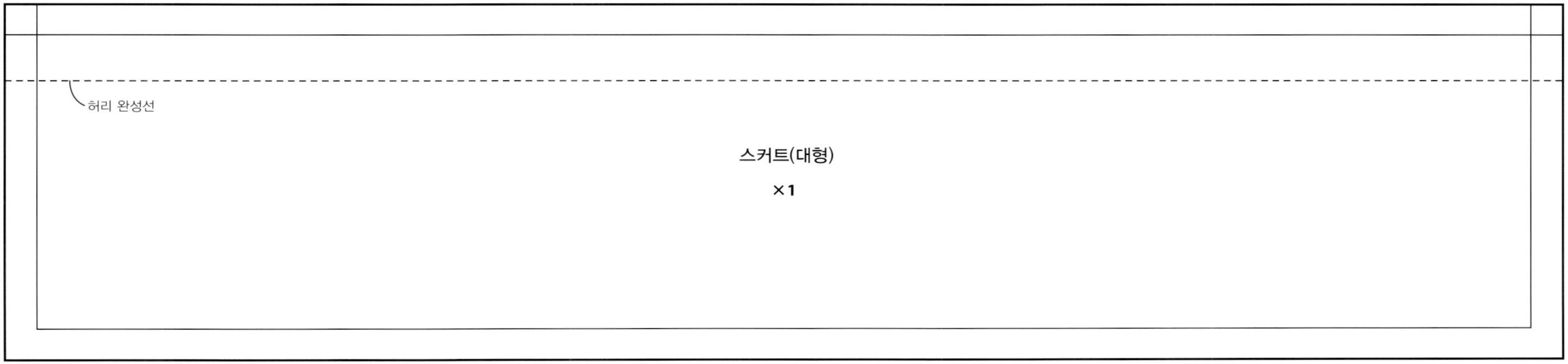

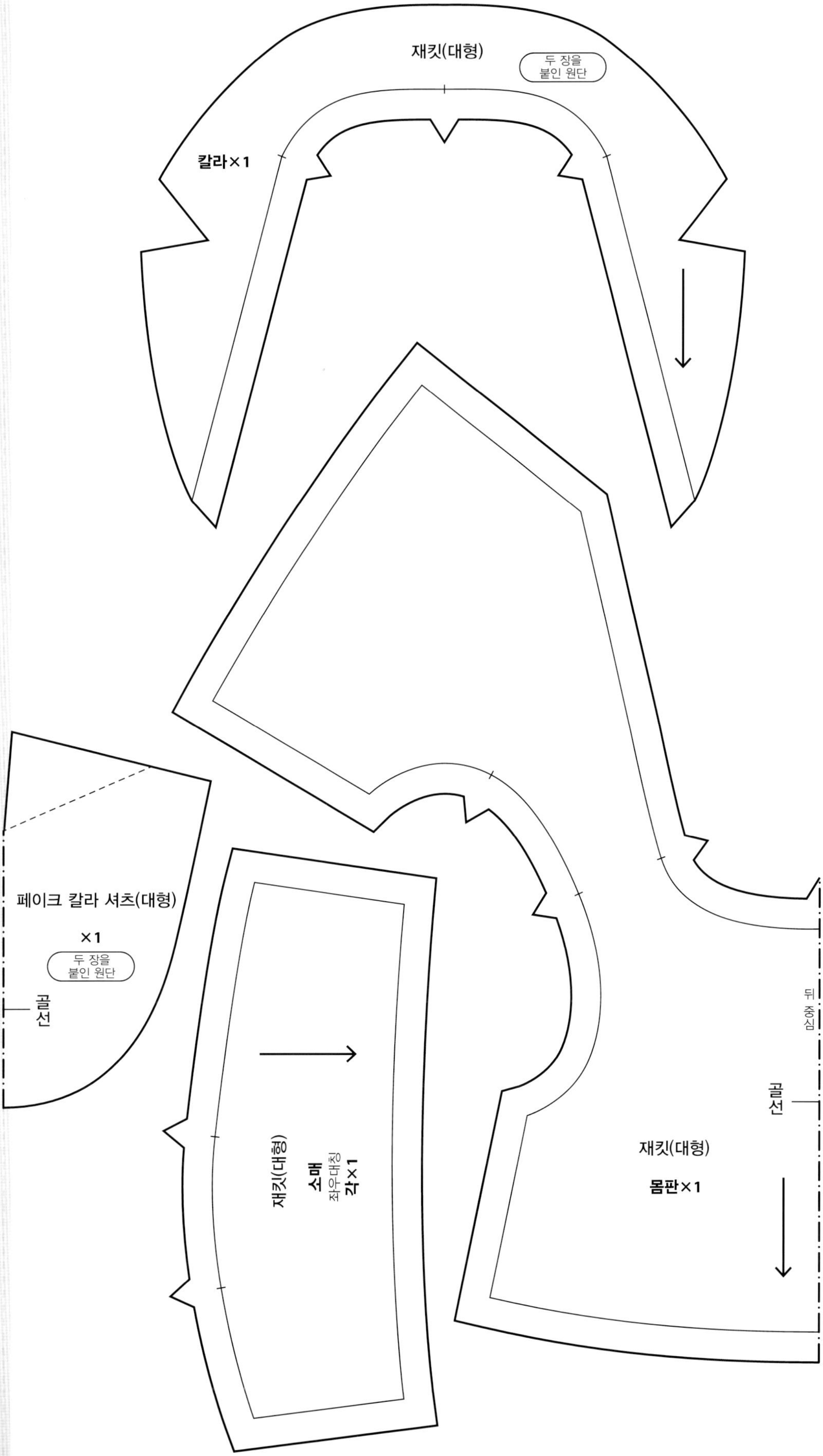
재킷(대형)
두 장을 붙인 원단
칼라×1
페이크 칼라 셔츠(대형)
×1
두 장을 붙인 원단
골선
재킷(대형)
소매
좌우대칭
각×1
뒤 중심
골선
재킷(대형)
몸판×1

※ 원본 크기대로 복사

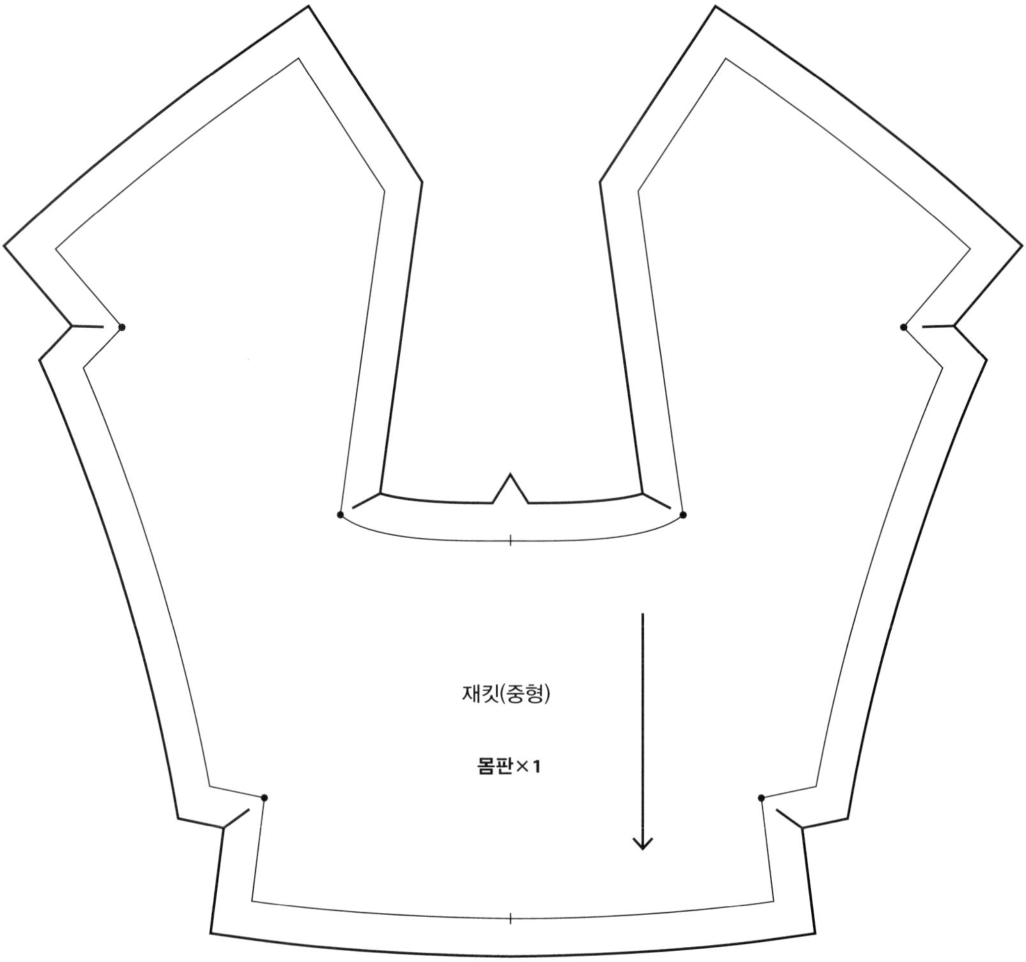

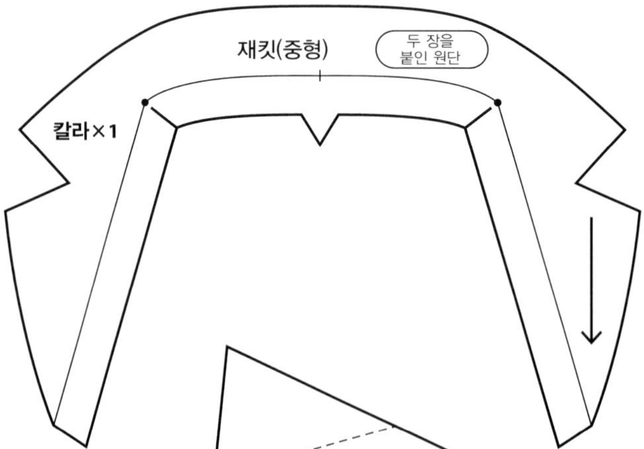

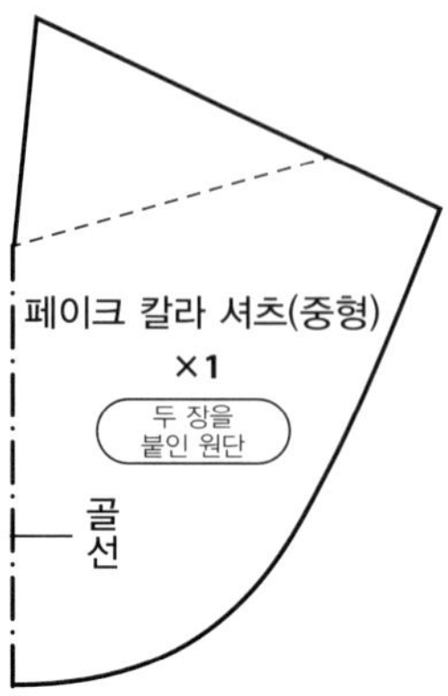

※ 중형 인형은 원본 크기대로 복사
※ 소형 인형은 축소 복사(65%)

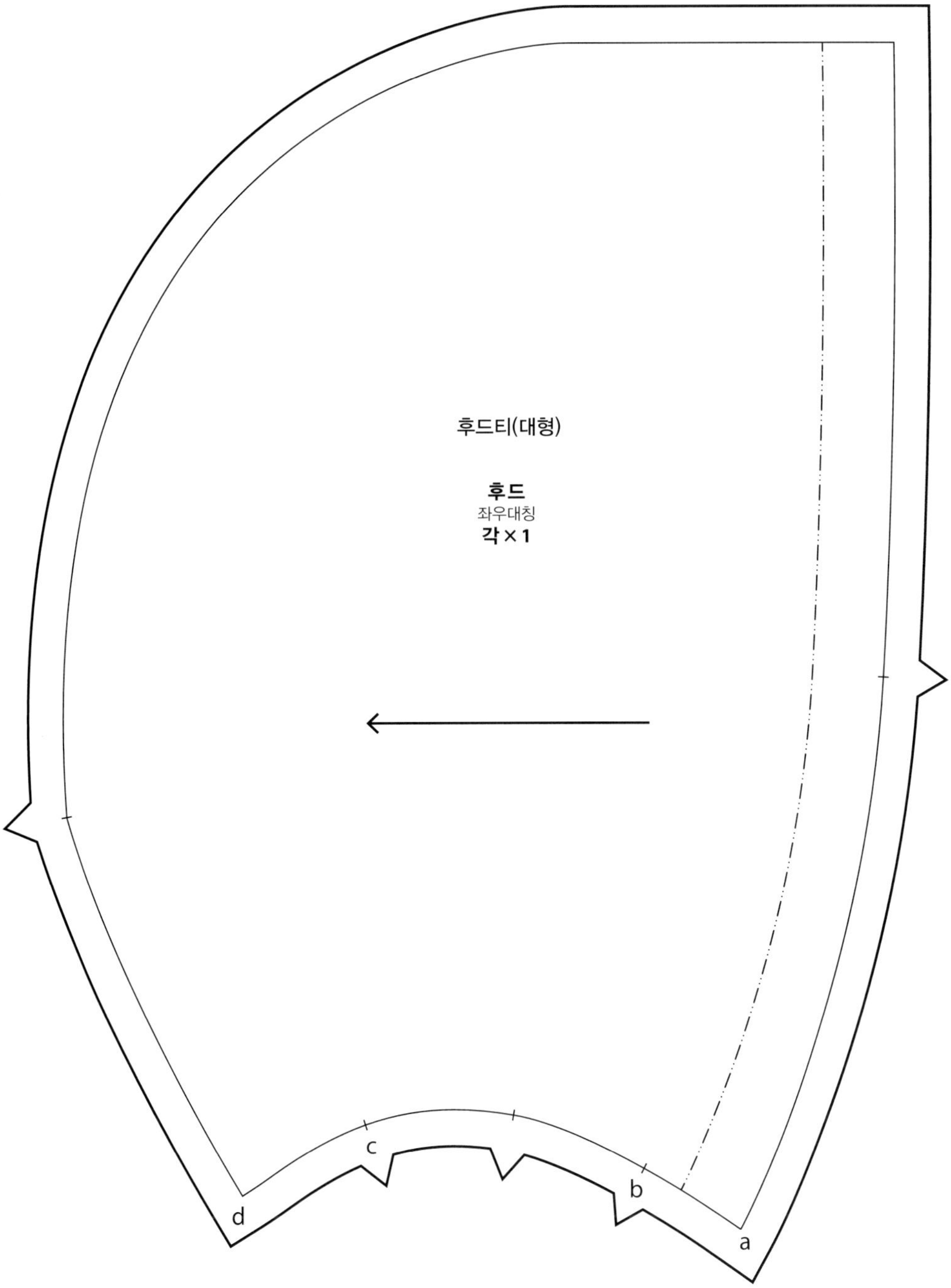

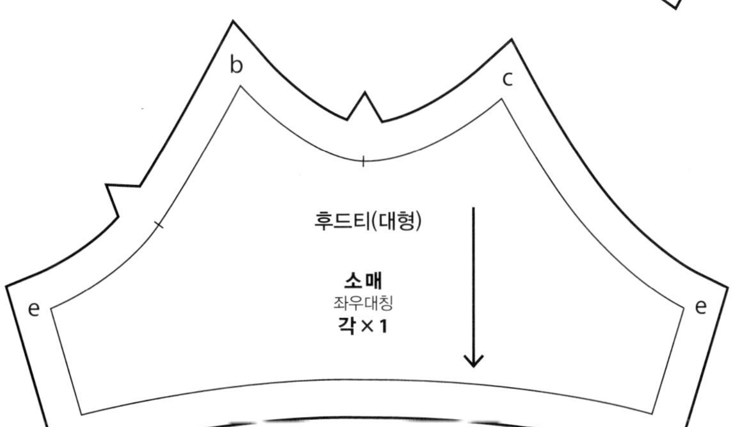

※ 원본 크기대로 복사

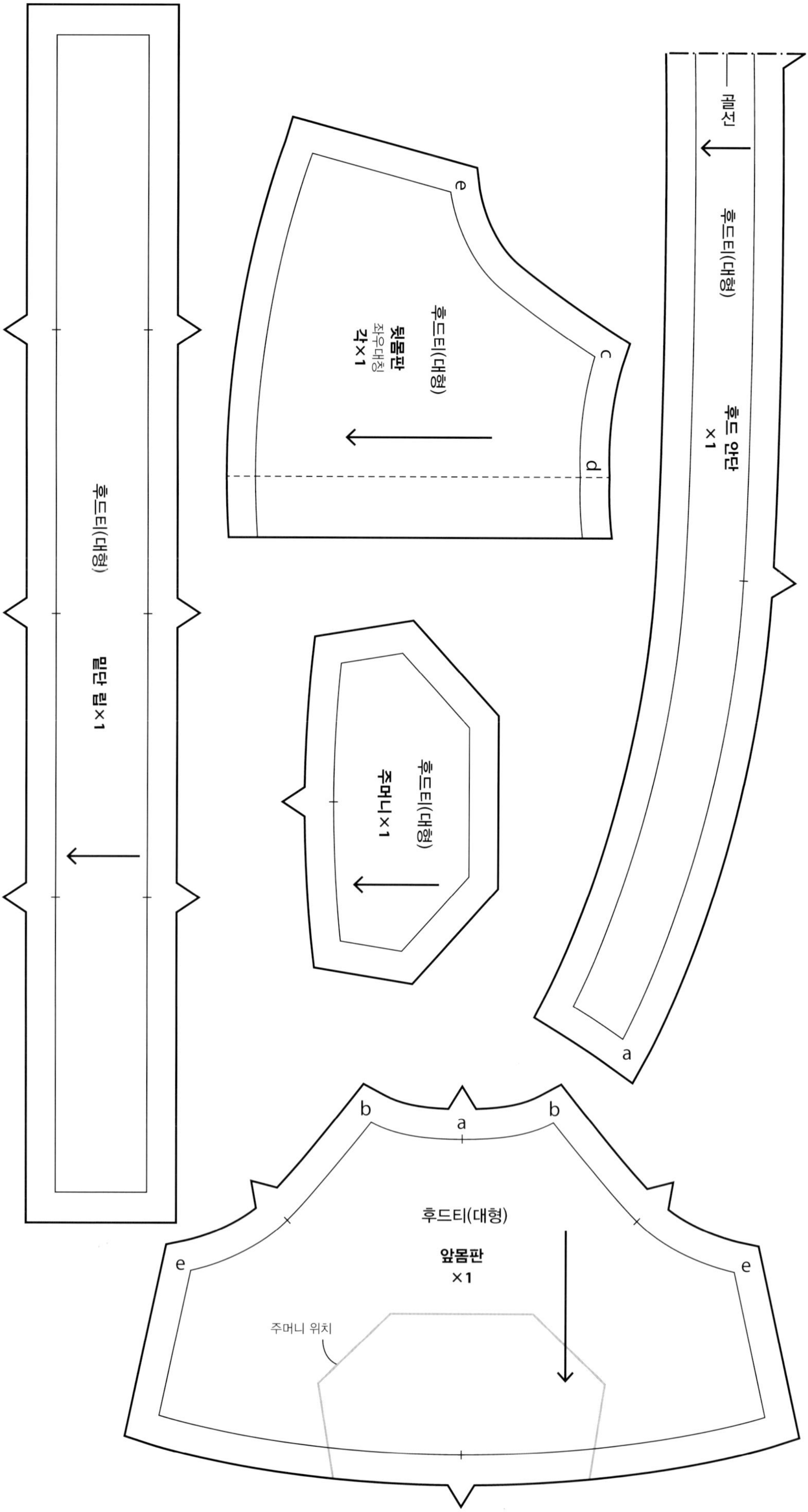
골선
후드티(대형)
후드 안단
×1
후드티(대형)
뒷몸판
좌우대칭
각×1
e
c
d
후드티(대형)
밑단 립×1
후드티(대형)
주머니×1
a
b
a
b
e
e
후드티(대형)
앞몸판
×1
주머니 위치

※ 원본 크기대로 복사

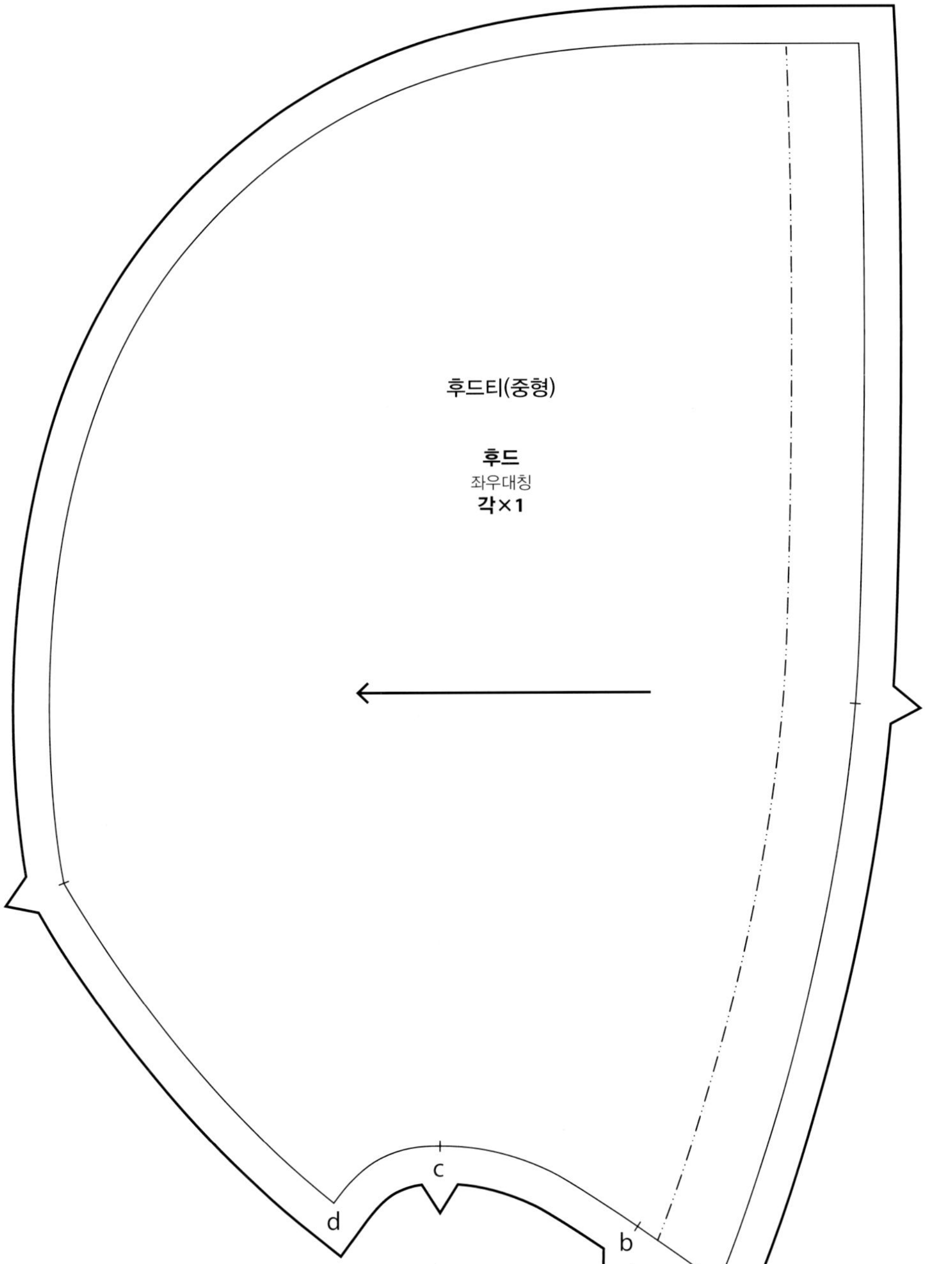

※ 중형 인형은 원본 크기대로 복사
※ 소형 인형은 축소 복사(65%)

도안

후드티(중형)②

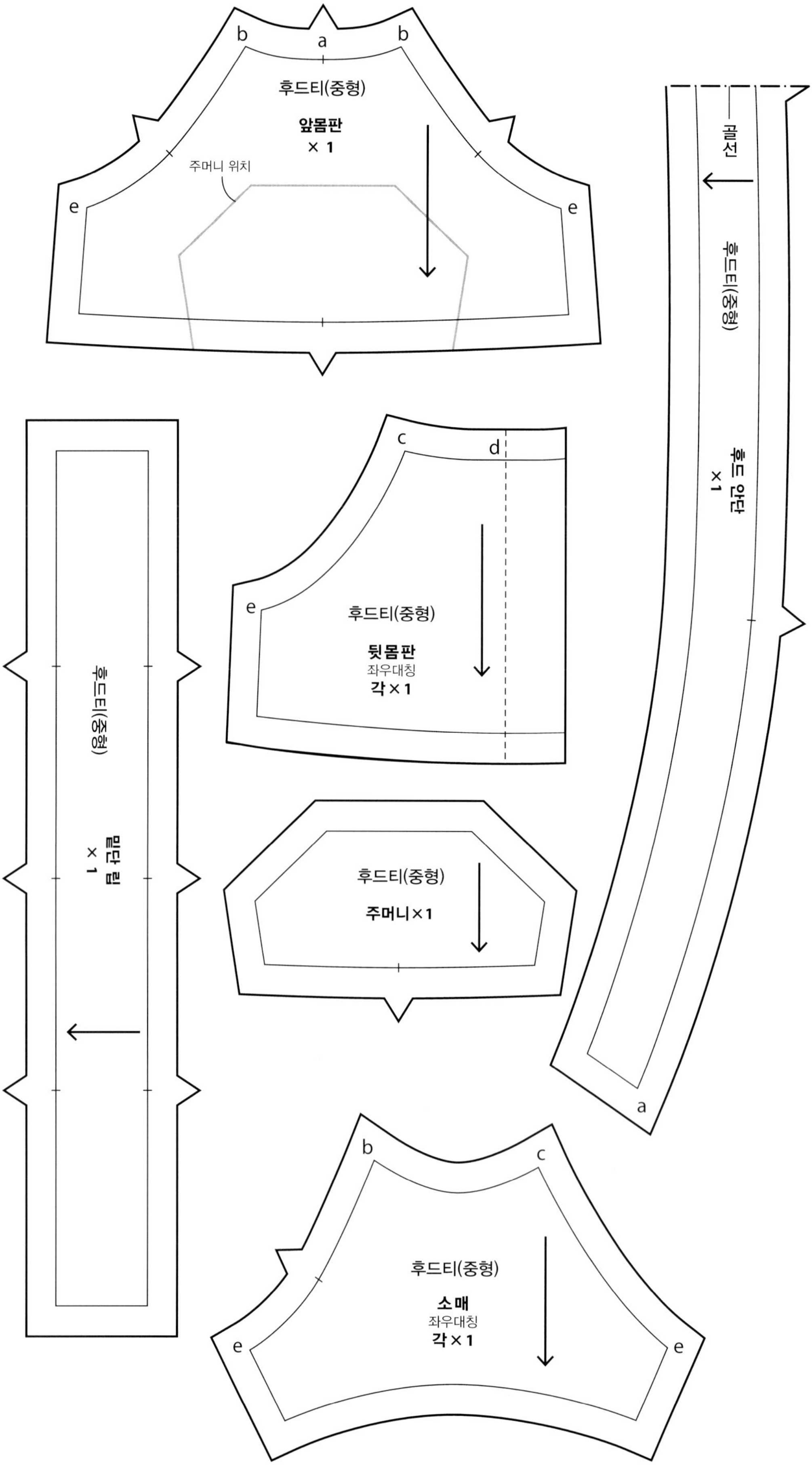

※ 중형 인형은 원본 크기대로 복사

※ 소형 인형은 축소 복사(65%)

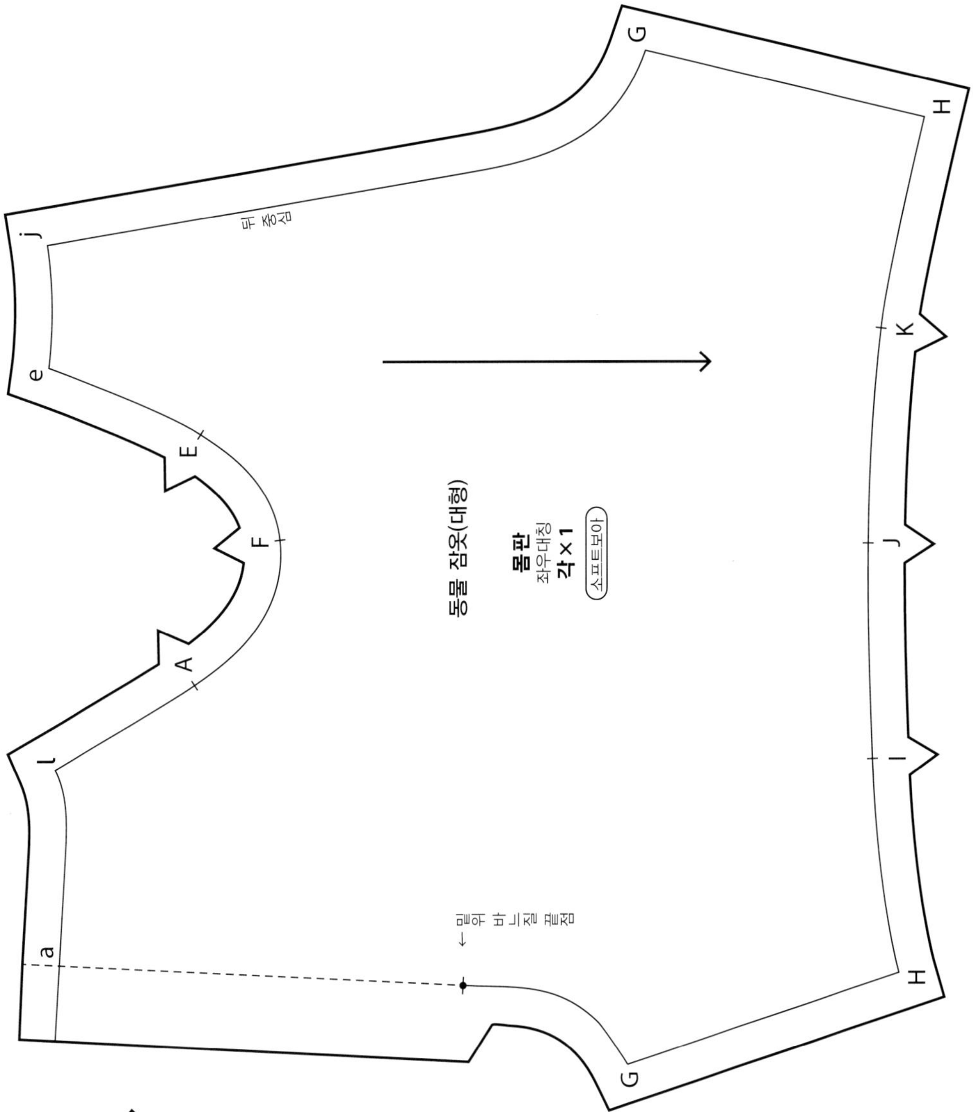
동물 잠옷(대형)
몸판
좌우대칭
각×1
소프트보아
뒤 중심
← 밑위 바느질 끝점
G
H
K
J
I
H
G
j
e
E
F
A
l
a

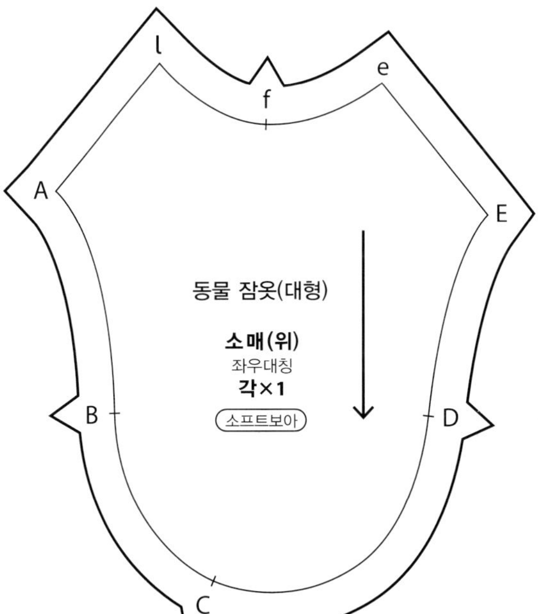
동물 잠옷(대형)
소매(위)
좌우대칭
각×1
소프트보아
l
f
e
A
E
B
D
C

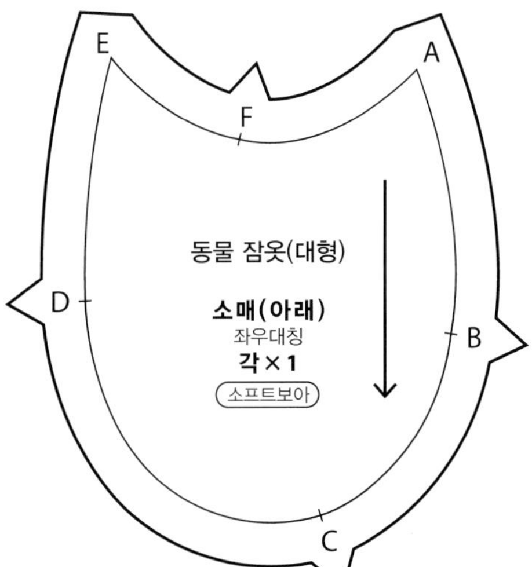
동물 잠옷(대형)
소매(아래)
좌우대칭
각×1
소프트보아
E
F
A
D
B
C

※ 원본 크기대로 복사

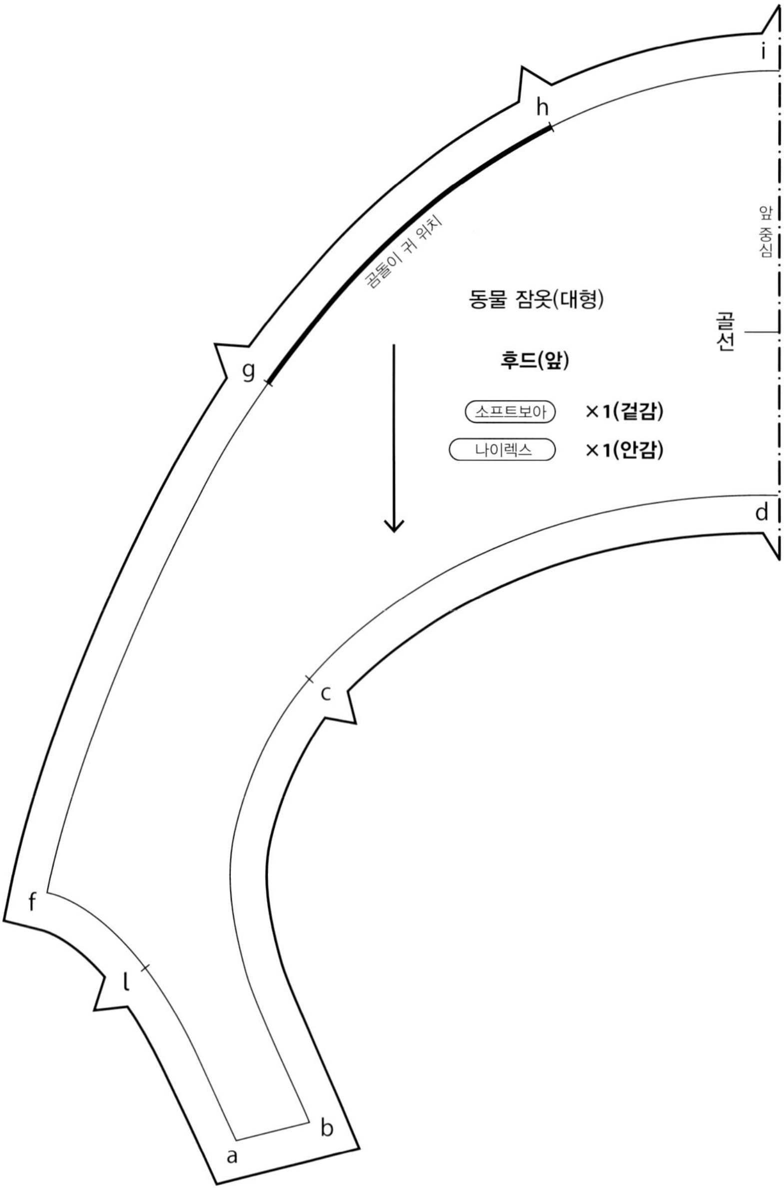
동물 잠옷(대형)
후드(앞)
소프트보아 ×1(겉감)
나이렉스 ×1(안감)
앞 중심
골선
곰돌이 귀 위치
a
b
c
d
f
g
h
i
l

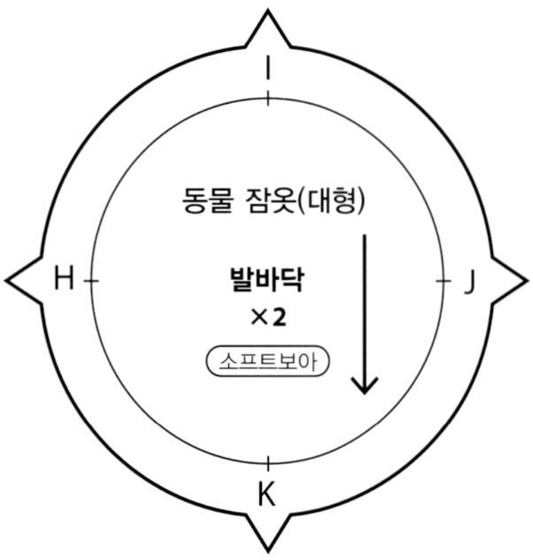
동물 잠옷(대형)
발바닥
×2
소프트보아
H
I
J
K

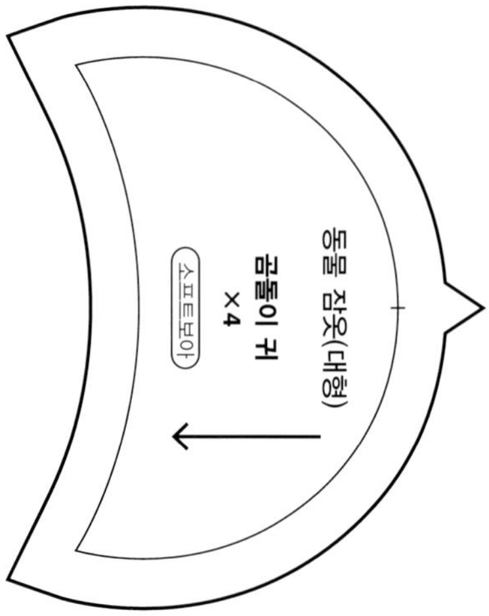
동물 잠옷(대형)
곰돌이 귀
×4
소프트보아

※ 원본 크기대로 복사

〈동물 잠옷(대)〉

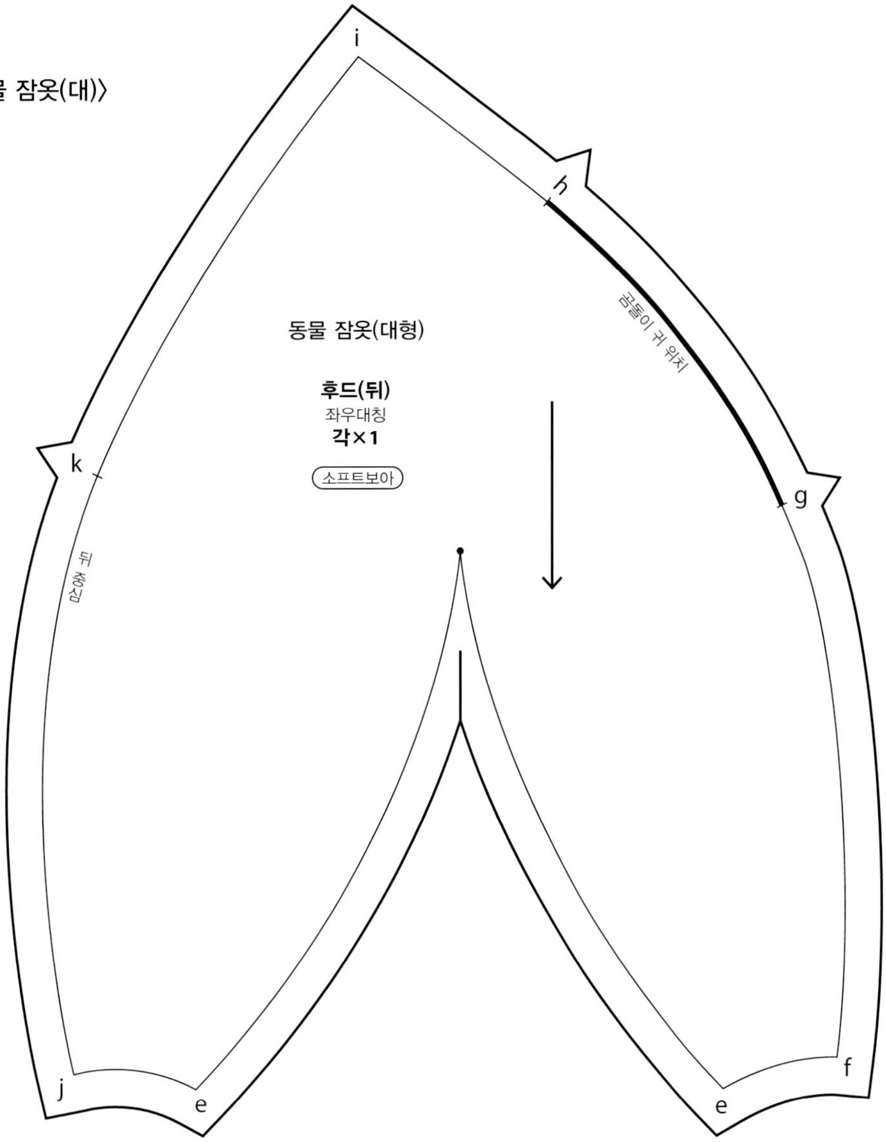

i
h
곰돌이 귀 위치
동물 잠옷(대형)
후드(뒤)
좌우대칭
각×1
소프트보아
k
g
뒤 중심
j
e
e
f

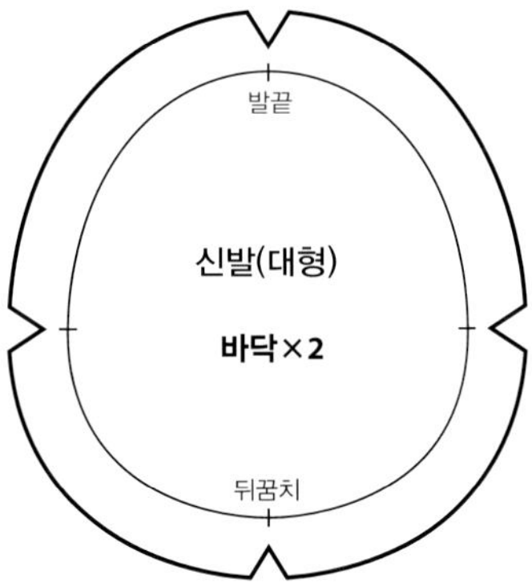

발끝
신발(대형)
바닥×2
뒤꿈치

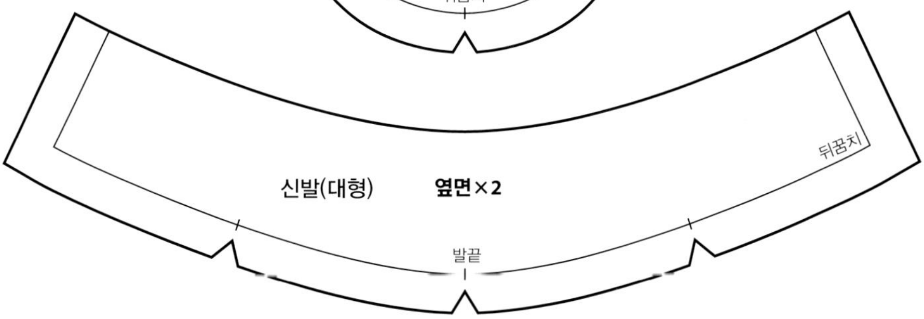

뒤꿈치
신발(대형)
옆면×2
발끝

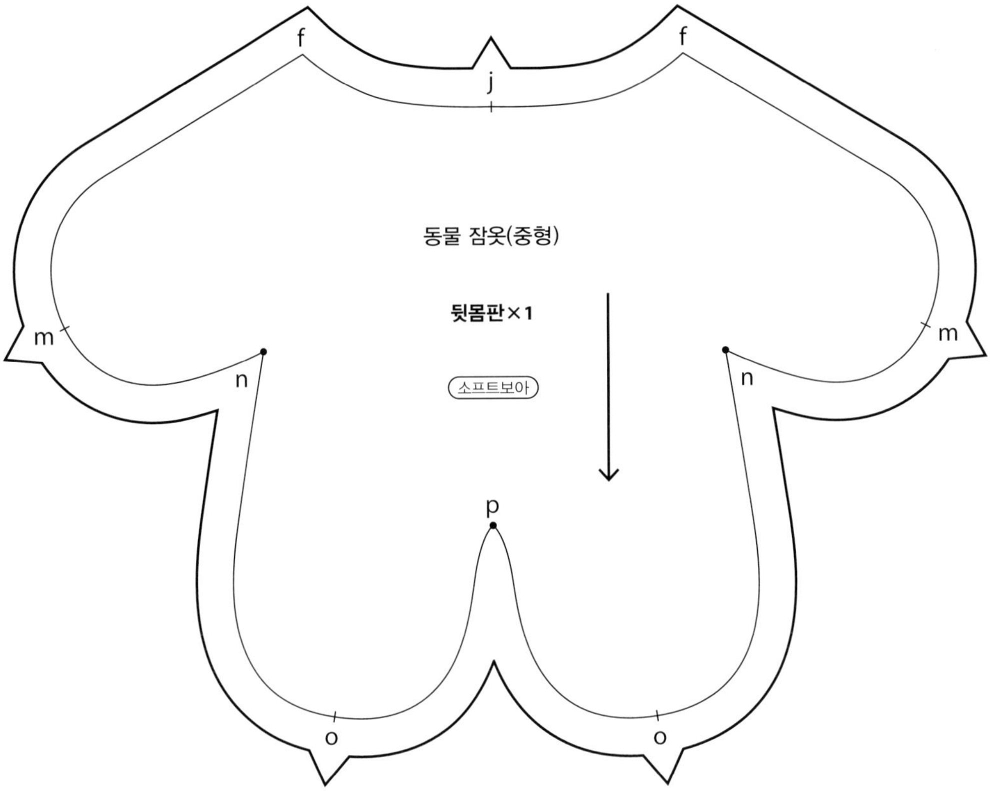

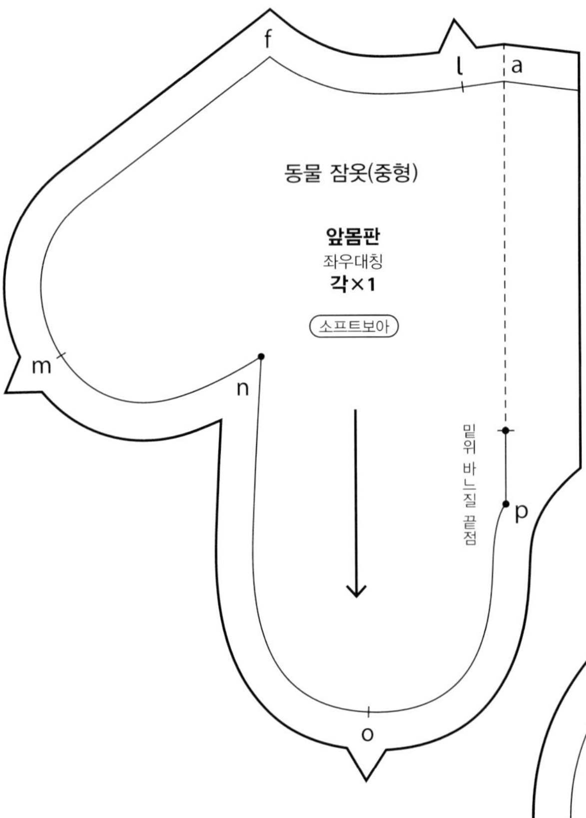

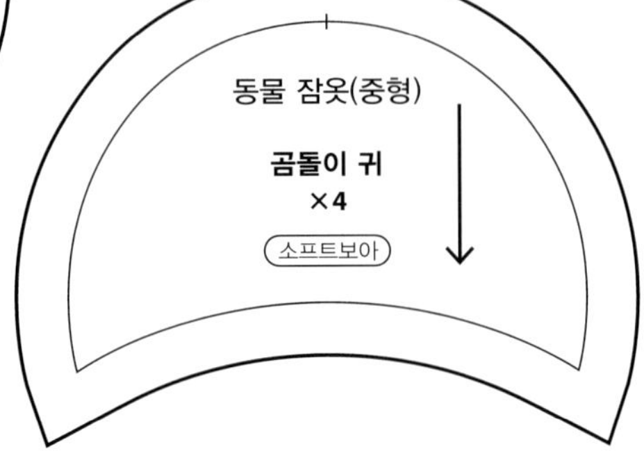

※ 중형 인형은 원본 크기대로 복사
※ 소형 인형은 축소 복사(65%)

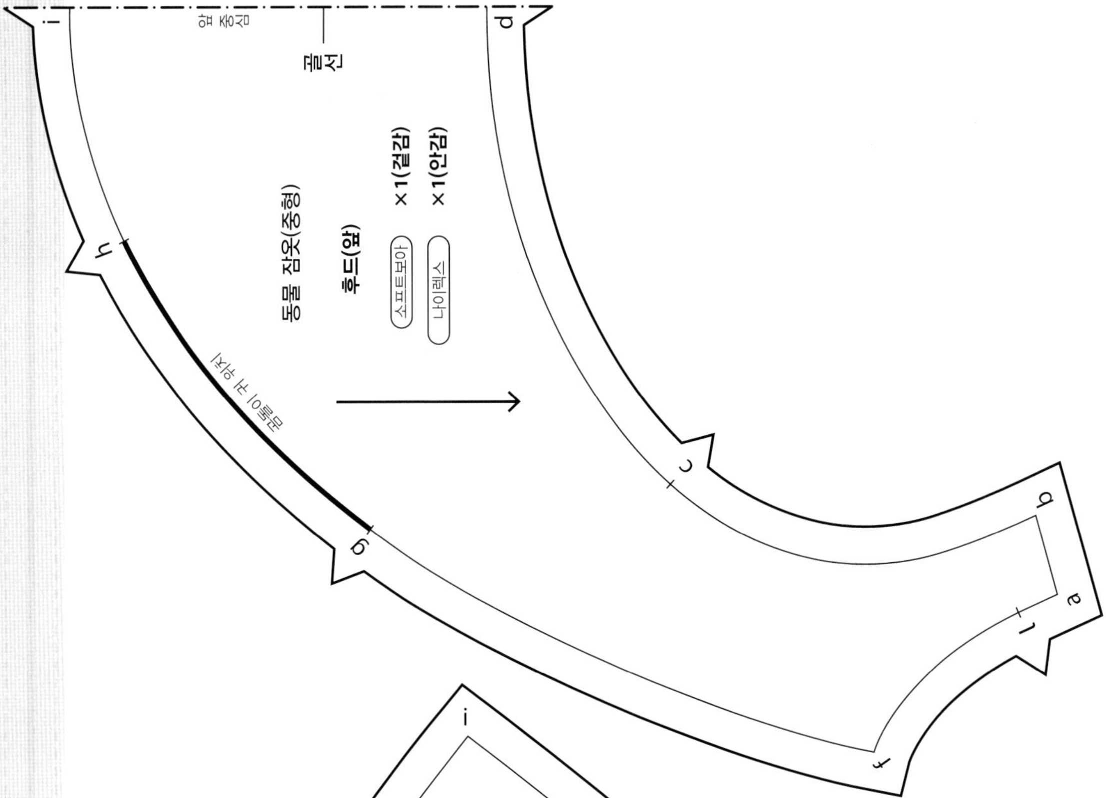

앞 중심
골선
동물 잠옷(중형)
후드(앞)
소프트보아 ×1(겉감)
나이렉스 ×1(안감)
곰돌이 귀 위치

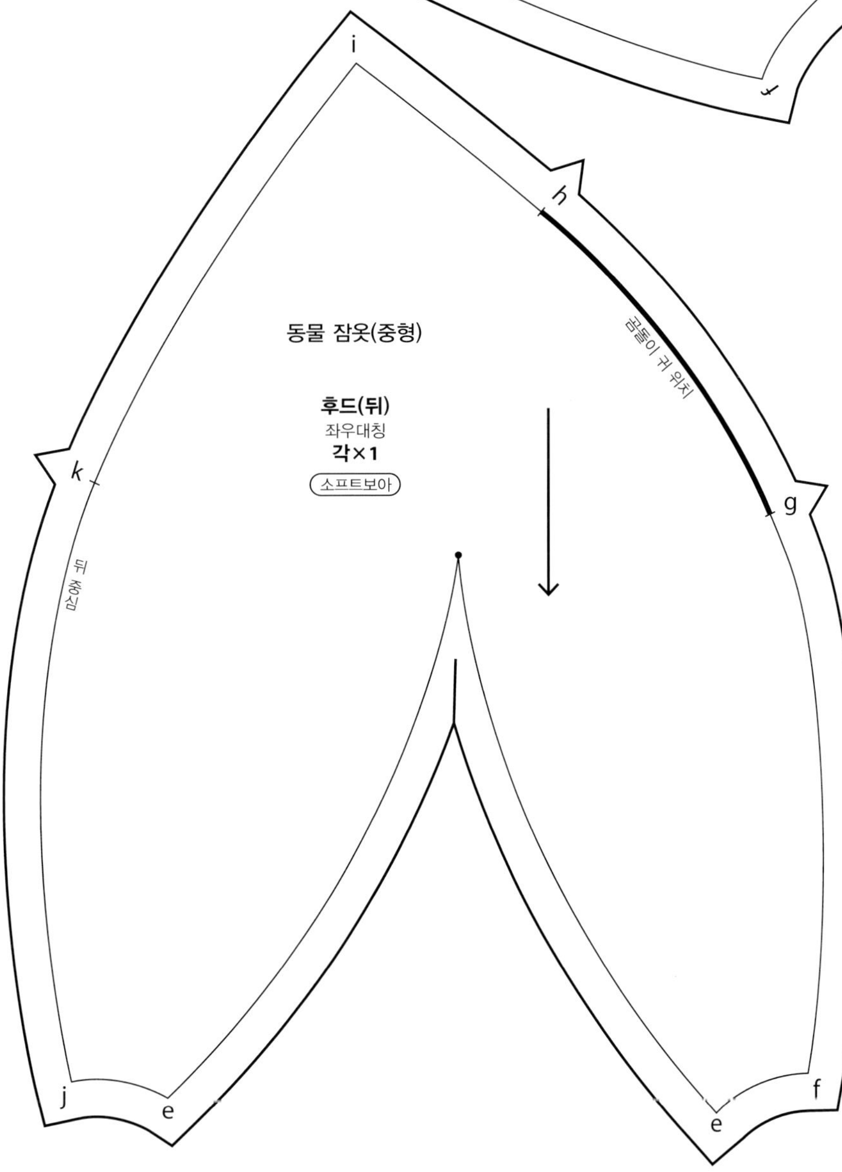

동물 잠옷(중형)
후드(뒤)
좌우대칭
각×1
소프트보아
곰돌이 귀 위치
뒤 중심

Profile

히라쿠리 아즈사

인형 도안 디자이너.
장난감 제조업체에서 인형 및 캐릭터 상품 기획 디자이너로 일했다. 2012년 남편과 함께 자수 공방을 차려 의류와 잡화, 아이돌 의상에 사용되는 자수를 디자인하고 제작한다. 인형 도안 디자이너로서 캐릭터 인형이나 인형 옷, 캡슐 토이 도안을 만든다. 인형 재료를 판매하는 인터넷 쇼핑몰 '인형 원단 가게 ぬいぐるみの生地やさん'도 운영하고 있다.

https://shop.nuigurumi-fabric.com
Twitter：@nuigurumifabric

Staff

도안 · 일러스트 히라쿠리 아즈사平栗あずさ
자수 제작 nakato
만화 미니카ミニカ(p.14~15)
촬영 요코야마 기미에横山君絵
디자인 · DTP 사사키 에미佐々木恵実(더그하우스ダグハウス)
편집 오기우 아야荻生 彩(그래픽사グラフィック社)

도안에 대하여

◆ 이 책의 도안을 이용하여 개인적으로 제작한 인형 작품은 플리마켓이나 인터넷 쇼핑몰 등에서 개인적으로 판매할 수 있습니다. 단, 판매할 때는 판매 상품의 설명에 반드시 이 책의 도안을 사용했다는 사실과 이 책의 저자명을 명시해 주시기 바랍니다.

◆ 이 책의 도안을 이용하여 제작한 작품의 판매나 제작한 작품의 권리관계에 관한 제작자와 제3자 사이의 분쟁에 관해서는 이 책의 저자 및 출판사는 일체 책임을 지지 않습니다.

◆ 이 책의 도안은 교육기관이나 복지시설 등의 비영리 활동 목적으로 이용하실 수 있습니다.

◆ 이 책의 도안을 이용한 작품을 공업적으로 생산하거나 조직적으로 판매하는 경우에는 저자 또는 출판사에 반드시 문의해 주시기 바랍니다.

금지사항

◆ 이 책의 도안을 이용하여 제작한 작품을 판매하거나 배포할 때 작품에 성적 · 폭력적인 연출을 추가하는 등 미풍양속에 어긋나는 형태로 작품을 변형하는 행위는 금지합니다.

◆ 영리 목적으로 이 책의 도안을 복제물(혹은 이를 변형한 도안)을 배포하는 행위는 인쇄물, 데이터 등 배포 매체나 유상 · 무상에 관계없이 금지합니다.

◆ 이 책의 도안을 이용하여 DIY 키트를 판매하거나 영리 목적으로 강좌나 워크숍 등의 이벤트를 개최하는 행위는 금지합니다.

Original edition creative staff
Patterns& Illustrations: Azusa Hirakuri
Sampler design and production: nakato
Comic: minica (p14-15)
Photos: Kimie Yokoyama
Book design & DTP: Emi Sasaki (DUGHOUSE)
Editing: Aya Ogiu (Graphic-sha Publishing Co., Ltd.)

최애를 닮은
나만의 솜인형 만들기

초판 1쇄 발행 2023년 11월 30일
초판 2쇄 발행 2025년 11월 28일

지은이 히라쿠리 아즈사
옮긴이 일본콘텐츠전문번역팀
발행인 채종준

출판총괄 박능원
국제업무 채보라
책임번역 김예진
책임편집 권새롬
디자인 김예리
마케팅 전예리
전자책 정담자리

브랜드 므큐
주소 경기도 파주시 회동길 230 (문발동)
투고문의 ksibook1@kstudy.com

발행처 한국학술정보(주)
출판신고 2003년 9월 25일 제406-2003-000012호
인쇄 북토리

ISBN 979-11-6983-733-0 14630

므큐는 한국학술정보(주)의 아트 큐레이션 출판 전문브랜드입니다.
무궁무진한 일러스트의 세계에서 가치 있는 정보를 수집하고 선별해 독자에게 소개한다는 뜻을 담고 있습니다.
'예술'이 가진 아름다운 가치를 전파해 나갈 수 있도록, 세상에 단 하나뿐인 책을 만들고자 합니다.

의인화 캐릭터 디자인 메이킹

suke 외 3인 지음

빌런 캐릭터 드로잉

가게이 유키마쓰 외 4인 지음

멋진 여자들 그리기

포키마리 외 8인 지음

나 혼자 스킬업! 바로 시작하는 배경 일러스트 메이킹

다키 외 2인 지음

수인X이종족 캐릭터 디자인

스미요시 료 지음

캐릭터를 결정짓는 눈동자 그리기

오히사시부리 외 16인 지음

돋보이는 캐릭터를 위한 여자아이 의상 디자인 북

모카롤 지음

The 감각적인 아이패드 드로잉 with 프로크리에이트 테크닉

다다 유미 지음

계절, 상황별 메르헨 소녀 그리기 동화 속 캐릭터 코디 카탈로그

사쿠라 오리코 지음

판타지 유니버스 캐릭터
의상 디자인 도감
모쿠리 지음

누구나 따라하는
설레는 손 그리기
기비우라 외 4인 지음

프로가 되는 스킬업!
배경 일러스트 테크닉
사카이 다쓰야, 가모카멘 지음

나도 한다! 아이패드로 시작하는
만화그리기 with 클립 스튜디오
아오키 도시나오 지음

메르헨 귀여운 소녀 그리기
동화속 캐릭터 패션디자인 카탈로그
사쿠라 오리코 지음

흑백 세계의 소녀들
jaco 지음

아이패드 드로잉
with 어도비 프레스코
사타케 슌스케 지음

아찔한 수영복 그리기
이코모치 외 13인 지음

수인 캐릭터 그리기
야마히쓰지 야마 외 13인 지음

BL 커플 캐릭터 그리기 : 학교편
시오카라 니가이 외 4인 지음

움직임이 살아있는 동물 그리기
나이토 사다오 지음

알콩달콩 사랑스러운
커플 그리는 법
지쿠사 아카리 외 5인 지음

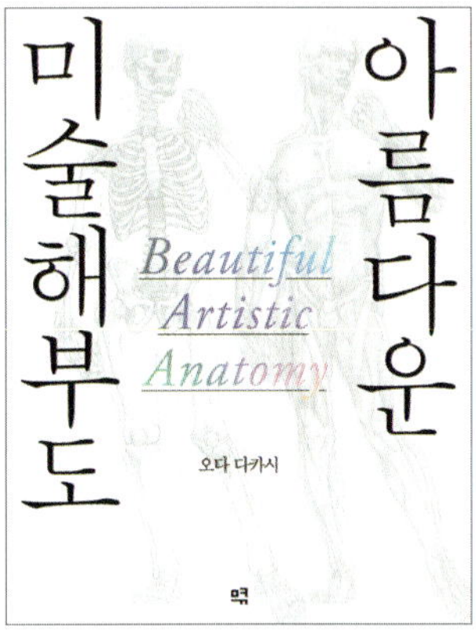

아름다운 미술해부도
오다 다카시 지음

사쿠라 오리코 화집 Fluffy
사쿠라 오리코 지음

살아있는 캐릭터를 완성하는
눈동자 그리기
오히사시부리 외 13인 지음